Yd 1
8

CATALOGUE

DES

ESTAMPES ANCIENNES

Formant la Collection de feu M.

DELBECQ, DE GAND;

rédigé par

MM. DELANDE et T. THORÉ.

Ce Catalogue se distribue :

A PARIS,	à l'ALLIANCE DES ARTS, rue Montmartre, 178;
—	chez M⁰ Jacquin, commiss.-priseur, rue de Choiseul, 5;
—	chez M. Guichardot, rue Saint-Thomas-du-Louvre, 32;
—	chez M. Techener, libraire, place du Louvre;
A LONDRES,	chez M. Smith, marchand d'estampes, Lisle-Street;
	et chez M. Rolandi, 20, Berners-Street, Oxford-Street;
A AMSTERDAM,	chez M. Buffa et fils, Kalverstraat;
A LA HAYE,	chez M. Jacob, libraire;
A ROTTERDAM,	chez M. Lamme, Hoogstraat;
A BRUXELLES,	chez M. Etienne Leroy, rue Fossé-aux-Loups;
A GAND,	chez Mᵐᵉ Vᵉ Delbecq, Cour des Princes, 5;
A COLOGNE,	chez M. H. de la Motte Fouquet;
A MUNICH,	chez M. Brulliot, conservateur du Musée;
A LEIPSICK,	chez M. Rudolph Weigel, libraire;
A BERLIN,	chez M. Selke;
A VIENNE,	chez MM. Artaria et Cⁱᵉ;
A SAINT-PÉTERSBOURG,	chez M. Bellizard, libraire.

———◦———

Les prix de la vente seront imprimés dans le BULLETIN DE L'ALLIANCE DES ARTS, qui paraît deux fois par mois.

Imprimerie de HENNUYER et TURPIN, rue Lemercier, 24, Batignolles.

Alliance des Arts.

CATALOGUE

DES

ESTAMPES ANCIENNES

Formant la Collection de

FEU M.

DELBECQ, DE GAND;

RÉDIGÉ PAR

MM. DELANDE ET T. THORÉ.

TROISIÈME PARTIE.

ÉCOLES FLAMANDE, HOLLANDAISE ET FRANÇAISE,

15e, 16e et 17e siècles.

VENTE

LE MARDI 1er AVRIL 1845 ET JOURS SUIVANTS,

A l'hôtel des commissaires-priseurs, place de la Bourse, Salle n° 1.

EXPOSITION PUBLIQUE

Les dimanche 30 et lundi 31 mars 1845.

Me JACQUIN, Commissaire-priseur, rue de Choiseul, 8;
M. GUICHARDOT, marchand d'estampes, dirigeant la vente.

PARIS,

ADMINISTRATION DE L'ALLIANCE DES ARTS,
RUE MONTMARTRE, 178.

1845

Abréviations employées dans ce Catalogue.

B.	Bartsch.
W.	Winckler.
H.	Huber.
R. D.	Robert Dumesnil.
J.	Joubert.
S.	Silvestre.
t.	tome.
p.	page.
App.	Appendice de Bartsch.
H.	hauteur.
L.	largeur.
Diam.	diamètre.
m.	millimètre.
Cat.	Catalogue.
monog.	monogramme.
grav.	gravure.
ép.	épreuve.

L'ordre des vacations sera distribué avant la vente.

Les lots pourront être divisés ou réunis.

Il sera perçu cinq pour cent en sus du prix de l'adjudication.

On reçoit les commissions à l'*Alliance des Arts*, rue Montmartre, 178, et chez M. *Guichardot*, rue Saint-Thomas-du-Louvre, 32.

PRÉFACE.

Les Écoles flamande, hollandaise et française s'arrêtent dans cette troisième partie du Catalogue vers le commencement du dix-septième siècle, comme l'École allemande et l'École italienne. Nous avons donc à signaler encore ici les œuvres les plus rares des maîtres primitifs.

Les quatorze premières estampes ont quelque analogie avec les belles suites de l'École allemande, n°ˢ 10 à 72; elles sont du même temps et du même style.

Lucas de Leyde ouvre l'École hollandaise par une œuvre de près de cent pièces, où se trouvent plusieurs de ses estampes recherchées, comme l'*Esther devant Assuérus*, l'*Adoration des Mages, Jésus présenté au peuple, le Calvaire, la Danse de la Madeleine, la Laitière*, etc., etc., et même une pièce en bois *non décrite*.

Après Lucas de Leyde, viennent Walter Van Assen, Heemskerck, un œuvre superbe de Van Star, Alaert Claas, Vermeyen, tous représentés par quelques pièces *inconnues* aux iconographes; Goltzius en belles épreuves; ses élèves Muller, Saenredam, Jacques Mathan, etc.

Les flamands commencent à Pierre Coeck d'Alost, et offrent Corneille Bos, Léon Davent, Franc Floris, Breughel le Vieux, plusieurs maîtres presque inconnus, comme Paulus W'ten Wael, et après eux toute la série des graveurs qui touchent au dix-septième siècle.

Les maîtres de notre Ecole nationale au seizième siècle sont très-nombreux. C'est d'abord Jean Duvet, *le Maître à la licorne*, l'illustre chef des graveurs français. Jean Duvet est à la gravure ce que Jean Cousin est à la peinture et à la statuaire. Aussi ses estampes sont-elles très-estimées et fort rares. Celles que nous avons décrites présentent un grand intérêt, et il y en a une que n'a jamais pu rencontrer le savant et infatigable M. Robert Dumesnil.

C'est ensuite Etienne Delaulne, Pierre Woeiriot, René Boivin, Perrissin et Tortorel, Léonard Gaultier, Philippe Thomassin, Jean de Gourmont, etc. ; puis au dix-septième siècle, Claude Vignon, François Perrier, Louis Businck, Michel Lasne, Callot et Labelle, etc.

Le Catalogue est terminé par les *maîtres divers*, qui n'ont pas été classés dans les précédentes catégories, et par une précieuse collection d'anciens papiers des quatorzième, quinzième et seizième siècles.

Cette troisième partie a donc encore, comme les deux premières, l'intérêt de la rareté. Nous espérons que notre travail ne sera pas absolument inutile aux amateurs qui étudient les origines de cet art admirable, illustré par tant de grands hommes en Allemagne et en Italie, dans les Pays-Bas et en France.

TABLE DES MATIÈRES

PAR ORDRE ALPHABÉTIQUE.

Allardt (Hugo), 45.
Assen (Jean-Walter Van), 19.
Ballens, d'Anvers, 55.
Bast (Pierre), 57.
Bloemart (Abraham), 36.
Boivin (René), 66.
Bos (Corneille), 42.
Bosse (Abraham), 76.
Breughel le Vieux (Pierre), 47.
Bruyn (Abraham de), 56.
Bruyn (Nicolas de), 56.
Bry (Jean-Théodore de), 55.
Businck (Louis), 73.
Callot (Jacques), 73.
Caylus (Anne-Claude de Tubières, comte de), 79.
Claas (Alaert), 25.
Cock (Jérôme), 50.
Coeck d'Alost (Pierre), 42.
Collaert (Jean), 55.
Congius (Camille), 29.
Cort (Corneille), 28.
Cruyer (Théodore), 80.
Custodis, 57.
Davent (Léon), 45.
Delaulne (Etienne), ou Stephanus, 64.
Deshayes (Jean), 78.
Dolendo (Zacharie), 38.
Duchemin (Isaac), 57.
Duhamel (Alart), 5.
Duvet (Jean), le maître à la licorne, 63.
Ecole française, 63.
Ecoles diverses, 80.
Firens (Pierre), 63.
Floris (Corneille), 56.
Floris (Franc), 46.
Flynt (Paul), 80.
Galle (Philippe), 57.
Galle (Corneille), 58.
Gaultier (Léonard), 71.
Gheyn (Jacques de), 58.
Goltzius (Henri), 31.
Gourmont (Jean de), 71.
Gravures en bois, 82.
Greuter (J. Frédéric), 62.
Harlingen (Pierre Van), 41.
Heemskerck (Martin Van Veen), 20.
Heylbruck (Michel), 62.
Hollar (Wenceslas), 81.
Hondius (Henri), 59.
Huys (Pierre), 41.
Jackson (Jean-Baptiste), 81.
Jegher (Christophe), 61.
Jode (Pierre de), 59.
Kaseman (Roger), 61.
Kilian (Lucas), 80.
Labelle (Etienne de), 75.
Lasne (Michel), 73.
Leclerc (Sébastien), 78.
Lesueur (Nicolas), 79.
Lots divers, 83.

Lucas de Leyde, 6.
Maîtres allemands des écoles primitives, 81.
Maître anglais, du seizième siècle, 81.
Maîtres divers, anonymes, 82.
Maître à la licorne (Jean Duvet), 63.
Maître au monog. G. D. W., 52.
Maître au monog. HK, 19.
Maître au monog. I S., 72.
Maître inconnu, de la fin du quinzième siècle, 5.
Maître inconnu, du seizième siècle, 54.
Maîtres inconnus, du quinzième siècle, 1.
Mathan (Jacques), 36.
Matsys (Corneille), 44.
Morcelse (Paul), 37.
Muller (Jean), 34.
Papiers (Collection d'anciens), 83.
Perrissin (Jacques), 66.
Perrier (François), 72.
Pesne (Jean), 77.
Pilau (Nicolas), 79.
Plate Montagne (Nicolas de), 78.
Sadeler (Gilles), 58.
Sadeler (Jean), 58.
Saenredam (Jean), 35.
Scharffenberg (George), 81.
Schelt a Bolsvert, 59.
Schut (Corneille), 59.
Sichem (Christophe Van), 38.
Soutman (Pierre), 40.
Star (Dirck Van), 23.
Stephanus (Etienne de Laulne), 64.
Suavius (Lambert), 51.
Swanevelt (Herman), 42.
Thomassin (Philippe), 71.
Tortorel (Jean), 66.
Uden (Lucas Van), 61.
Vanlierd (Jacques), 62.
Veen (Martin van), dit Heemskerck, 20.
Vermeyen (Jean-Camille), 27.
Vignon (Claude), 72.
Vliet (Jean-George Van), 42.
Vouillemont (Sébastien), 78.
Wierix (Antoine), 31.
Wierix (Jean), 30.
Wierix (Jérôme), 30.
Woeiriot (Pierre), 65.
Wtenwael (Paulus), 53.

FIN DE LA TABLE.

CATALOGUE D'ESTAMPES.

COLLECTION DE FEU M. DELBECQ, DE GAND.

TROISIEME SERIE.

ÉCOLES FLAMANDE, HOLLANDAISE ET FRANÇAISE.

FLAMANDS ET HOLLANDAIS.

MAITRES INCONNUS, du quinzième siècle.

1. *Sainte Famille.* Dans un enclos bordé de palissades et renfermant au fond à droite une maison à pignon, une tour à trois étages et un arbre, la Vierge est assise à droite au premier plan et tournée vers la gauche. Elle tisse à un métier debout devant elle; à gauche, saint Joseph se courbe sur une planche qu'il taille avec une grande hache. Au milieu, l'Enfant Jésus, debout, vient vers sa mère, et derrière lui, un ange apporte une corbeille de fruits. A gauche, au fond, au delà de la palissade d'enceinte, un monastère sur une éminence, avec plusieurs personnages qui descendent vers un grand navire aux voiles déployées. Le fond offre encore des arbres et un ange montant sur une échelle pour cueillir des fruits.

Dans la marge d'en bas est une inscription en flamand. — H. 105 m., L. 080.

2. *Le portement de croix.* Le Christ tombe sous le poids de sa croix, les deux mains par terre ; il est tourné vers la gauche et il occupe presque toute la largeur de l'estampe ; il porte le nimbe crucifère. La croix est surmontée d'une banderole avec une inscription de deux lignes en flamand. A droite, la Vierge et saint Jean ; au fond, le Calvaire et les édifices de Jérusalem. La marge du bas contient la même inscription que la pièce précédente. — H. 107 m., L. 073.

3. *Le Christ en croix,* la tête tournée vers la gauche. Le pied de la croix est fixé au milieu d'une grande cuve pleine du sang qui coule des cinq plaies. Six saints et saintes, entièrement nus et plongés à mi-corps dans la cuve, lèvent vers le Christ leurs mains jointes. A gauche, un religieux agenouillé ; à droite, une religieuse. De chaque côté du Christ, une banderole avec une inscription latine. Sur le milieu de la cuve : *Hans misericordie.* Dans la marge d'en bas, une inscription de trois lignes, en flamand. — H., y compris la marge inférieure, 120 m., L. 070.

4. *Le Christ assis sur la croix,* au sommet du Calvaire. Il est tourné vers la droite, presque nu, les mains liées sur la poitrine et la couronne d'épines sur la tête ; ses pieds et ses mains portent les traces des clous. Au-dessus de sa tête, quelques nuages dessinés dans le ciel. Ce sujet principal est entouré d'une grande marge où sont dispersés les instruments de la passion : à droite, la colonne, l'échelle et la Véronique ; à gauche, le marteau, les trois clous, l'éponge, les verges et un écusson avec les cinq plaies sanglantes ; en haut, les sicles, les trois dés, la lanterne et la couronne d'épines ; en bas, le maillet, les tenailles, le sabre, la lance et le sépulcre au milieu. — H. 110 m.; L. 080.

5. *Le Christ dépouillé de ses vêtements.* Il est debout, tourné à droite et incliné vers la terre pour déposer son manteau ; tout son corps est couvert de meurtrissures. Autour du plein nimbe qui environne sa tête, une banderole déployée, portant cette inscription : *Vide homo quæ(?) patior pro te.* A gauche, la colonne à laquelle des verges sont liées. Le premier plan en avant des pieds du Christ est dallé ; un peu plus loin, le sol présente plusieurs fleurs épanouies. Au sommet, quelques nuages sont dessinés dans le ciel. — H. 100 m., L. 070.

6. *Le chiffre de Jésus-Christ* IHS dans un rond entouré de rayons et de flammes, au milieu d'un double cercle qui porte une inscription en flamand. Au-dessous, à droite et à gauche, deux figures de saints avec le nimbe, debout sur la terre semée de fleurs ; celui de gauche tient un livre, celui de droite porte une petite image du Christ. Au-dessus du cercle, deux autres figures de saints debout et nimbés ; entre eux, quelques têtes d'anges dans les nuages. — H. 110 m., L. 070.

Ces curieuses estampes, gravées en bois, proviennent d'un ancien manuscrit acheté par M. Delbecq à la vente Van de Velde. Elles sont incontestablement du milieu du quinzième siècle.

7. *Le Christ en croix.* L'inscription INRI est à rebours ; à gauche, la Vierge ; à droite, saint Jean, les mains jointes. La Madeleine agenouillée embrasse le pied de la croix. Le fond représente les édifices de Jérusalem. — H. 102 m., L. 075.

8. *L'ensevelissement.* Le corps du Christ est déposé par terre au pied du Calvaire. A droite, Nicomède et saint Jean ; au milieu, la Vierge penchée sur le corps de son fils ; à gauche, la Madeleine à genoux, Joseph d'Arima-

thie apportant un vase de parfums, et deux saintes femmes. Le Christ porte le nimbe crucifère. On aperçoit au fond, sur la montagne, le pied des trois croix. — H. 070 m., L. 052.

9. *Le cœur du Christ* dans un rond environné de flammes. Le chiffre IHS est gravé sur le cœur. Ce sujet principal est encadré dans une bordure ornée de fleurs, d'oiseaux et de papillons. Aux quatre angles intérieurs du cadre, les quatre plaies saignantes. — H. 100 m., L. 066.

10. *La Vierge environnée de flammes*, et debout sur le croissant que supportent deux anges agenouillés. Elle est tournée à droite et tient sur son bras gauche l'Enfant Jésus. Deux petits anges nus posent une couronne sur sa tête nimbée. — H. 080 m., L. 060.

11. *La Vierge assise sur le croissant*, entourée de flammes et tenant de sa main gauche le petit Jésus. De la droite, elle presse son sein. Deux anges à longues robes portent au-dessus de sa tête la couronne aux douze étoiles. Dans la marge inférieure, une inscription latine en sept lignes : *Ave sanctissima Maria*, etc. — H. 074 m., L. 050.

12. *La Vierge debout, tenant de ses deux mains le linge où est imprimée la face du Christ.* Sa tête est enveloppée d'un voile en forme de turban. L'estampe est cintrée en haut par deux rinceaux d'ornements. — H. 086 m., L. 058.

13. *La Vierge aux sept épées.* Elle est agenouillée, les mains jointes, devant le corps de Jésus-Christ étendu raide au premier plan, de droite à gauche, et occupant la largeur de l'estampe. Sept glaives sont fixés dans le sein de la Vierge environnée de rayons. Derrière elle, est la croix avec la couronne d'épines, et au-dessus de sa tête une ban-

derole avec cette inscription : *O mater Deci memento meo.* — H. 066 m., L. 058.

14. *Les sept douleurs de la Vierge.* Elle est agenouillée, les mains jointes, tournée vers la gauche. Son sein est percé de sept épées. Elle porte le plein nimbe, et on lit dans une banderole au-dessus de sa tête : *Sicut lilium inter spinas.* Deux rinceaux d'ornements se rejoignent au sommet de l'estampe. — H. 075 m., L. 053.

<small>Les huit estampes précédentes, gravées en cuivre, proviennent du même manuscrit que les six premiers numéros. Elles sont à grandes marges, et d'un travail extrêmement fin.</small>

MAITRE INCONNU, de la fin du quinzième siècle.

15. *Saint Barthélemy*, debout, tourné vers la droite, tenant de la main gauche un livre ouvert, de la main droite un coutelas, et sa peau pendante sur son bras, en manière de draperie.

16. *Saint Simon.* Il marche vers la droite, appuyé sur la scie, comme sur un bâton. Il tient dans sa main gauche un livre ouvert.

17. *Saint Jacques le Majeur*, debout et de face. Il porte le bâton de pèlerin à sa main droite, et dans la main gauche une coquille.

18. *Saint Jacques le Mineur.* Il marche vers la gauche, tenant de la main droite un livre ouvert, et de la main gauche l'instrument de son supplice.

<small>Ces quatre pièces, gravées en bois, sont de la même suite, et bien conservées. — H. 320 m., L. 250.</small>

ALART DUHAMEEL, de Bois-Leduc, gravait vers la fin du quinzième siècle.

19. *Constantin à la tête de l'armée chrétienne.* La marche

de l'armée se dirige vers la droite. Au milieu, Constantin élève sa toque au-dessus de sa tête avec sa main gauche, et de la main droite il tient la bride de son cheval. Tous ses gens d'armes sont à cheval et armés de piques. Au fond, dans le haut vers la gauche, la ville qu'il vient de quitter ; à droite dans le ciel, un ange portant la croix. Au milieu du bas est un chien cuirassé, qui aboie à la tête d'un cheval. En haut, au milieu, le nom de *Bosche*, avec le monog. NON DÉCRITE. — H. 244 m., L. 195.

Très-belle pièce, la meilleure du maître, et d'une conservation parfaite, avec marges d'environ 007 m.

LUCAS DE LEYDE, peintre et graveur, né à Leyde en 1494, mort en 1533 ; élève de son père et de Corneille Engelbrechtsen.

GRAVURES SUR CUIVRE.

20. *Eve séduite par le serpent.* Vers le milieu d'en haut est la date 1529, et la lettre L à rebours. (B. 3.)

21. *Adam et Eve chassés du paradis.* La date 1529 et la lettre L à rebours sont à la gauche d'en haut. (B. 4.)

22. *Le péché d'Adam et Eve.* Eve, assise à gauche, présente le fruit défendu à Adam qui est assis à la droite. Vers le milieu d'en bas, la lettre L à rebours. (B. 10.)

23. *Adam et Eve fugitifs*, après avoir été chassés du paradis terrestre. Ils marchent l'un à côté de l'autre, vers la droite. Adam porte sur son épaule un instrument d'agriculture. Ève tient un enfant entre ses bras ; à droite, un grand arbre dépouillé; sur le devant, une tablette avec la lettre L et la date 1510. (B. 11.)

Belle épreuve.

24. *Lamech et Caïn.* La date 1525 et la lettre L à rebours

sont au haut de la gauche, au-dessus de la tête de Lamech. (B. 14.)

25. *Abraham renvoyant Agar.* Abraham est à gauche, Agar à droite, essuyant ses larmes. Derrière elle, le petit Ismaël regarde Abraham. Au bas, vers le milieu, est la lettre L, et un peu vers la gauche, la date 1516. (B. 18.)

    Epreuve très-fine.

26. L'HISTOIRE DE JOSEPH. (B. 19-23.)

1° *Joseph raconte ses songes à Jacob*, en présence de ses frères. Au fond vers la gauche, au-dessus d'une porte cintrée, la tablette avec le monog. et la date 1512.

2° *Joseph et la femme de Putiphar.* Elle est assise sur un lit à gauche, retenant Joseph par son manteau. A droite en haut, sur une porte du fond, la tablette avec la lettre et la date 1512.

3° *La femme de Putiphar accusant Joseph.* La lettre et la date 1512 sont gravées sur un mur vers le milieu du haut.

4° *Joseph en prison*, expliquant les songes de deux officiers du roi, prisonniers avec lui. La lettre est vers le milieu du bas.

5° *Joseph interprétant les songes de Pharaon.* La lettre est au milieu d'en bas.

    Les quatre premières pièces de cette suite complète portent : MARTINI PETRI EXCU. La cinquième est de premier état, sans adresse.

27. *David vainqueur de Goliath.* Il est à gauche, portant la tête du géant; à droite, trois des filles de Jérusalem. La lettre est au milieu d'en bas. (B. 26.)

    Belle épreuve, d'une parfaite conservation.

28. *David jouant de la harpe* devant Saül. A gauche, David debout ; à droite, le vieux Saül assis sur un trône. Vers le milieu du bas, la lettre à rebours. (B. 27.)

Avec l'adresse de Pierre Martini.

29. *Salomon adorant les idoles.* Il est à genoux auprès d'un autel qui porte la date 1514. La lettre est vers le bas à gauche. (B. 30.)

30. *Esther devant Assuérus.* Il est assis à gauche, relevant Esther prosternée devant lui. Au milieu d'en bas, le monog. et la date 1518. (B. 31.)

Bonne épreuve d'une des pièces les plus belles et les plus recherchées du maître.

31. — La même estampe, deuxième état, avec l'adresse de Pierre Martini.

32. *Le triomphe de Mardochée.* Mardochée est à cheval, de profil, marchant vers la droite au milieu de la foule. (B. 32).

L'angle gauche du bas est lacéré, et ne laisse paraître qu'une partie de la tablette sur laquelle sont la marque et la date 1515.

33. *Les deux vieillards apercevant Suzanne dans le bain.* Ils sont à gauche près de deux arbres. Au fond à droite, Suzanne baignant ses pieds dans un ruisseau. La tablette avec le monog. est suspendue à une souche, au bas de la droite. (B. 33.)

Très-belle épreuve, mais d'une conservation imparfaite.

34. *L'Annonciation.* La Vierge à droite devant son prie-dieu, tourne la tête vers l'ange agenouillé à gauche. Le monog. est vers la gauche d'en bas. (B. 35.)

35. *La Visitation.* A gauche, sainte Élisabeth ; à droite, la Vierge. Le monog. est vers la gauche d'en haut. (B. 36.)

36. *L'Adoration des Mages.* La Vierge, assise à gauche, tient sur ses genoux l'Enfant Jésus debout; à son côté, saint Joseph. Un des rois est agenouillé devant Jésus; les autres Mages debout apportent leurs offrandes; à droite et au fond, nombreux personnages. En bas, vers la gauche, le monog., et vers la droite, la date 1513. (B. 37.)

   Cette pièce est une des plus considérables de l'œuvre du maître.

37. — La même estampe, avec l'adresse de Pierre Martini.

   Défectueuse.

38. *Le baptême de Jésus-Christ.* Au premier plan, sur la rive du Jourdain, hommes et femmes debout. Au second plan, sur l'autre rive, la scène principale, avec un grand concours de spectateurs. Au bas, vers la droite, le monog. (B. 40.)

   Bonne épreuve.

39. — La même estampe, épreuve moderne.

40. LA PASSION DE JÉSUS-CHRIST. (B. 43-56.)

   1º *La Cène.*

   2º *Jésus à la montagne des Oliviers.*

   3º *La prise de Jésus-Christ.*

   4º *Jésus devant le grand-prêtre Anne.*

   5º *Jésus outragé dans le prétoire.*

   6º *La flagellation.*

   7º *Le couronnement d'épines.*

   8º *Jésus présenté au peuple.*

   9º *Le portement de croix.*

10° *Le crucifiement.*

11° *La descente de croix.*

12° *La sépulture.*

13° *La descente aux limbes.*

14° *La résurrection.*

> Suite complète. Chaque estampe porte le monog. et la date 1521. Quelques épreuves sont faibles.

41. *Le couronnement d'épines.* Jésus est assis à gauche, entouré de cinq bourreaux. Le monog. est sur une tablette à la droite d'en bas; sur un mur, la date 1519, le 9 à rebours. (B. 69.)

> Bartsch n'indique pas que le 9 est à rebours. Il a aussi omis de signaler le personnage debout à droite derrière une porte, près d'un rideau.

42. *Jésus présenté au peuple.* Riche composition de plus de cent figures. C'est une des pièces les plus considérables de l'œuvre du maître. Sur une pierre, à la droite d'en bas, le monog. et la date 1510; au-dessus, l'adresse de Martini. (B. 71.)

> Épreuve très-faible, mais très-pure et très-bien conservée.

43. *Jésus portant sa croix.* La date 1515 est à la droite d'en haut et la lettre *l.* vers la gauche d'en bas, sur la pierre où Jésus appuie sa main gauche. (B. 72.)

44. *Des soldats présentent à boire à Jésus avant de le crucifier.* Le monog. est au milieu d'en haut. (B. 73.)

45. *Le Calvaire.* Le premier plan est rempli de divers groupes; le Calvaire est un peu plus loin vers la gauche. Grande composition d'environ cent figures, qui passe

pour une des plus parfaites du graveur. Le monog. est vers le milieu du bas, et la date 1517 à droite. (B. 74.)

> Epreuve de deuxième état, les premières épreuves portant la date à rebours.

46. — La même estampe avec l'adresse de Martini, sous la date.

> Troisième état, pièce défectueuse.

47. *Jésus-Christ* sous la figure d'un jardinier apparaît à la Madeleine. Il est debout à gauche, vu à mi-corps ; de ses doigts étendus il touche le front de la Madeleine qui tient un vase. La date 1519 est à la droite d'en haut, et le monog. à la gauche. (B. 77.)

48. *Le retour de l'enfant prodigue.* Le père relève son fils agenouillé et demi-nu. A gauche, la maison et un groupe de quatre hommes. A droite, paysage immense avec une rivière et des montagnes. Le monog. est vers la droite d'en bas. (B. 78.)

> Belle épreuve, bien conservée.

49. *La Vierge, Jésus, et sainte Anne* qui présente une pomme à l'Enfant. La date 1516 et le monog. sont au milieu d'en haut. (B. 79.)

50. *La Vierge debout sur un croissant, dans une niche.* La lettre est à droite, sur le bord de la niche, à mi-hauteur. (B. 81.)

51. *La Vierge debout sur un croissant, dans une gloire.* Elle a les cheveux flottants en l'air vers la gauche de l'estampe ; elle tient sur le bras droit Jésus, et dans la main gauche un sceptre renversé. A gauche, la lettre ; à droite, la date 1523. (B. 82.)

52. *La Vierge avec l'Enfant Jésus, assise dans un paysage.*

A gauche, deux anges sont en adoration. Sur une tablette au milieu du devant, la marque et la date 1523. (B. 84.)

<small>Belle épreuve, avec marges, et très-bien conservée.</small>

53. JÉSUS-CHRIST ET LES APÔTRES, représentés debout. (B. 86-99.)

1° *Le Sauveur*.—2° *Saint Pierre*.—3° *Saint Paul*.—4° *Saint André*.— 5° *Saint Jean l'Évangéliste*.—6° *Saint Jacques le Majeur*. — 7° *Saint Thomas*. — 8° *Saint Judas Thadée*. — 9° *Saint Barthélemy*. — 10° *Saint Jacques le Mineur*. — 11° *Saint Matthieu*.

<small>Cette suite, à laquelle il manque saint Philippe, saint Simon et saint Mathias, est généralement en belles épreuves, avec petites marges. Le saint Barthélemy seul est faible. La lettre est gravée sur chaque estampe, sans date.</small>

54. LES QUATRE ÉVANGELISTES, représentés à mi-corps. (B. 100-103.)

1° *Saint Marc*.—2° *Saint Matthieu*. — 3° *Saint Luc*. —4° *Saint Jean*.

<small>Chaque estampe porte le monog. La première et la dernière sont datées 1518.</small>

55. *Saint Pierre et saint Paul tenant le suaire*. Ils sont représentés à mi-corps; au milieu d'en haut, le monog. et la date 1517. (B. 105.)

56. *La Conversion de saint Paul*. Aveuglé par la lumière du ciel, il marche conduit par plusieurs hommes qui se dirigent vers la droite. Il est suivi d'un cortége de soldats à pied et à cheval. Vers la droite d'en bas, la tablette avec le monog. et la date 1509. (B. 107.)

<small>Bonne épreuve d'une pièce capitale et très-rare.</small>

57. *Saint Christophe assis à terre* et se disposant à aller chercher l'Enfant Jésus, qui l'appelle sur l'autre rive d'un

ruisseau. Au bas de la droite, le monog. sur une tablette attachée à une souche. (B. 108.)

58. *Saint Christophe traversant l'eau.* Le monog. est à la gauche d'en bas, sur un coin de rocher. (B. 109.)

    Epreuve avec marges.

59. *Saint Jean-Baptiste dans le désert.* Il est assis à terre et montre l'agneau couché à droite. Vers le milieu du bas, le monog., et à la droite d'en haut, la date 1513. (B. 110.)

    Epreuve d'une rare beauté et d'une conservation parfaite.

60. *La décollation de saint Jean-Baptiste.* A gauche, le bourreau ; à droite, une femme qui reçoit la tête dans un plat. Le monog. est au milieu d'en haut. (B. 111.)

61. *Saint Jérôme.* Il est assis, tourné à droite, et tenant un livre ; à gauche en haut, le monog., et vers la droite, la date 1513. (B. 112.)

62. *Saint Jérôme*, demi-nu, à genoux devant le crucifix accroché à un arbre. Vers le bas de la gauche, le monog., et dans le haut la date 1516. (B. 113.)

63. *Saint Jérôme* assis, les coudes appuyés sur un piédestal auquel est accrochée la tablette, avec la lettre et la date 1521. (B. 114.)

64. *Saint Sébastien* attaché à un tronc d'arbre. Vers le haut de la droite, le monog. (B. 115.)

    Belle épreuve, mais doublée.

65. *Saint Antoine l'ermite.* Il est debout, appuyé sur un bâton. Le monog. est à gauche, sous une cloche pendue à un poteau. (B. 116.)

    Epreuve doublée.

66. *Tentation de saint Antoine.* Il est assis dans la campagne au pied d'un arbre, et tenant de la main gauche un livre ouvert. A droite, une femme debout et vue de profil lui présente un vase. Vers le milieu du bas, sur un fragment de rocher, le monog. et la date 1509. (B. 117.)

Bonne épreuve.

67. *Saint Dominique,* debout, tenant de la main gauche un livre, et de la main droite un bâton surmonté du crucifix. Le monog. est à gauche, à mi-hauteur. (B. 118.)

68. *Saint Gérard Sagredius,* évêque et martyr. Le monog. est à gauche, à mi-hauteur. (B. 119.)

Belle épreuve avec marges, bien conservée.

69. *La danse de la Madeleine.* Vers le milieu, la Madeleine, ayant la tête entourée d'une gloire, est conduite par un homme qui tient de la main gauche un chapeau à plumes. A droite et à gauche, groupes de musiciens, d'hommes et de femmes couchés par terre. Superbe paysage avec des chasses et des cavalcades dans les fonds. Au milieu du bas, sur un écriteau, la marque et la date 1519. (B. 122.)

Très-belle épreuve d'une pièce qui est un chef-d'œuvre et une rareté. Bonne conservation.

70. — La même estampe. Epreuve plus faible.

71. *Sainte Madeleine debout sur des nuages.* Elle est de profil, tournée à gauche, et ouvrant un vase. Le monog. est au milieu du bas, et à droite la date 1518 à rebours. (B. 124.)

72. *Le poëte Virgile suspendu dans un panier.* A droite, groupes d'hommes et de femmes sous un vestibule. A gauche, dans le fond, le sujet principal, qui est tiré de la *Marguerite poétique,* et qui a été traité par plusieurs gra-

yeurs, entre autres par George Pencz, n° 570 du Catalogue, première partie. Cette estampe de Lucas de Leyde a toujours été très-estimée. (B. 136.)

73. *Les Gueux.* Trois personnages. A droite, un arbre dépouillé, auquel est suspendue la tablette avec le monog. (B. 143.)

74. *La Promenade.* Un homme marchant vers la gauche, accompagné d'une femme qui lui donne le bras. A la droite d'en bas, la lettre L, et à la gauche d'en haut, la date 1520. (B. 144.)

 Epreuve avec marges.

75. *Le Seigneur et la Dame.* En bas, vers la gauche, la lettre L à rebours. (B. 145.)

76. *La Dame au bois.* Un paysan, tenant son chapeau de la main gauche, marche dans un bois, à côté d'une dame suivie d'une servante et d'un autre paysan. A la gauche d'en bas, le monog. (B. 146.)

 Epreuve un peu faible, mais d'une excellente conservation, et avec marges.

77. *Le Fou.* Il embrasse une femme assise au pied d'un arbre. En haut, à gauche, la lettre, et vers le milieu la date 1520. (B. 150.)

78. *Le Chirurgien.* Il est assis de face, faisant une opération chirurgicale à un paysan assis par terre devant lui. En haut, des deux côtés de la tête du chirurgien, la date 1524 et la lettre L à rebours. (B. 156.)

79. *L'Opérateur.* Près d'une table, à gauche, un charlatan arrache une dent à un paysan, accompagné d'une femme. Le monog. et la date 1523 sont au-dessus de la tête du paysan. (B. 157.)

 Bonne épreuve.

80. *La Laitière.* Une paysanne, portant de la main droite un grand seau, s'avance vers une vache arrêtée de profil au milieu de l'estampe, et tenue par un paysan debout à gauche. En bas, sous les pieds de la vache, la tablette avec le monog. et la date 1510. (B. 158.)

    Epreuve très-fine d'une pièce excellente et rarissime ; avec marges de 008 m.

81. *Tête d'un Guerrier,* coiffé d'un casque. Elle est dans un médaillon au milieu de rinceaux. Sur un cartouche, au bas du médaillon, la lettre et la date 1527. (B. 150.)

    Epreuve avec marges.

82. *Une composition d'ornements.* Au milieu d'en bas, la lettre ; au milieu d'en haut, la date 1527. (B. 161.)

83. *Les Enfants guerriers.* Ils marchent vers la droite, portant l'un un drapeau déployé, l'autre un grand casque. La lettre et la date 1527 sont à droite, sous le bâton du drapeau. (B. 165.)

84. *Deux ronds* formés par des rinceaux d'ornements. Dans chaque médaillon, un Amour assis sur des nuages. Près de la jonction des deux ronds, en haut, la lettre L, et en bas la date 1517. (B. 171.)

85. *Portrait d'un jeune homme.* Il est à mi-corps, un peu tourné vers la droite. Il montre du doigt une tête de mort qu'il tient de la main gauche, sous les plis de son manteau. La marque est à la gauche d'en bas. (B. 174.)

    Ce portrait passe pour être celui de l'auteur. Epreuve bien enservée.

COPIES SUR CUIVRE, d'après Lucas de Leyde.

86. *La femme de Putiphar accusant Joseph.* Belle copie en

contre-partie du n° 21 de l'Histoire de Joseph. Sans marque ni date. *Non citée* par Bartsch.

87. *David en prière.* Copie du n° 29. Au bas de la gauche un écriteau avec la date 1520 et la lettre L figurant un P par le haut. *Non citée.*

88. *La Vierge debout sur un croissant, dans une gloire.* Copie en contre-partie du n° 82. La lettre est à gauche et la date 1523 à droite, comme dans l'original. *Non citée* par Bartsch.

89. *La Danse de la Madeleine.* Copie du n° 122, et de même grandeur. Plusieurs têtes n'ont pas la même expression que dans l'original. La date 1519 est gravée par deux traits, tandis que l'original ne présente qu'un seul trait. *Non citée* par Bartsch.

90. *La Madeleine debout.* Copie libre du n° 124, avec des changements considérables. La figure est à peu près semblable, mais au lieu d'être sur les nuages, elle pose sur un rocher, et le fond représente une rivière, une ville et une perspective immense, tandis que dans l'original le fond est en hachures horizontales et verticales. NON DÉCRITE.

91. *Le Chirurgien.* Copie en contre-partie du n° 156. La lettre L est à droite de la tête de l'opérateur, et la date 1524 à gauche. *Non citée* par Bartsch.

92. *L'Opérateur.* Copie en contre-partie du n° 157. *Non citée* par Bartsch.

93. *L'Espiègle.* Copie du n° 159. *Non citée* par Bartsch.

On remarque entre la jambe et la queue de l'âne un caillou beaucoup plus gros que dans la seconde copie mentionnée par Bartsch.

FLAMANDS ET HOLLANDAIS.

GRAVURES EN BOIS.

94. *Abraham allant sacrifier son fils.* (B. 5.)

95. *Dalila coupant les cheveux à Samson.* (B. 6.)

96. *Salomon adorant l'idole de Moloch.* (B. 8.)

97. Le même sujet traité différemment. (B. 9.)

98. *La reine de Saba devant le trône de Salomon.* (B. 10.)
   Belle épreuve.

99. *Une servante d'Hérodiade apportant à Hérode la tête de saint Jean-Baptiste.* (B. 12.)
   Belle épreuve.

100. Le même sujet traité différemment. (B. 13.)

101. *Les douze Rois d'Israël*, représentés à cheval, et tournés vers la gauche. Suite de quatre pièces qui peuvent se joindre ensemble. (B. 14.)

102. Trois pièces de la même suite. C'est la seconde qui manque.

103. *Les Héros célèbres parmi les anciens.* Suite de trois pièces représentant neuf figures à cheval. (B. 15.)

104. Une pièce de la suite précédente. Josué, David et Judas.

105. *Amon et Josias*, représentés à cheval et tournés vers la gauche. De grandes banderoles, avec leurs noms, flottent au-dessus de leurs têtes. Pièce NON DÉCRITE, qui doit faire partie d'une suite analogue aux deux suites des *Rois* et des *Héros*. — H. 290 m., L. 250.

106. *Le peuple de Rome se moquant du poète Virgile*, qu'une

courtisane a suspendu à une fenêtre dans un panier.
(B. 10.)

LE MAITRE AU MONOG. H K, surmonté d'une croix.
(B., t. VII, p. 484.)

107. *Saint Jean dans l'île de Pathmos*, écrivant l'Apocalypse. Le chiffre est dans une tablette à la gauche d'en bas. Sur bois. C'est la seule pièce de ce maître, mentionnée par Bartsch.

JEAN WALTER VAN ASSEN vivait à Amsterdam au commencement du seizième siècle. Il marque I M A.

GRAVURES EN BOIS.

108. *La fuite en Egypte.* La Vierge, tenant l'Enfant Jésus, est montée sur l'âne que saint Joseph conduit par la bride. Le monog. est à droite, à mi-hauteur, sur une tablette accrochée à un arbre. Au milieu du bas, entre les jambes de l'âne, la date 1511. Pièce ronde. NON DÉCRITE. — Diam. 235 m.

> Cette pièce, avec marge circulaire de 020 m., donne par la date 1511 une indication précieuse sur Van Assen, dont Bartsch ne cite aucune autre estampe datée. La première suite mentionnée par Huber, t. V, p. 32, porte les dates 1513 et 1514.

109. *Trois Cavaliers précèdent un guerrier casqué, accompagné d'une femme*, montée sur un cheval richement caparaçonné. La marche est dirigée vers la gauche. Au bas, vers le milieu, le monog. I M A. NON DÉCRITE. — H. 185 m.; L. 300.

110. Trois pièces qui paraissent être de la même suite que la précédente, quoiqu'elles aient 035 m. de moins en largeur. Elles représentent un cortége de guerriers armés, d'hommes et de femmes à cheval, et tournés vers la gau-

che; quatre personnages par planches. Sans marque. NON DÉCRITES.

111. LA PASSION DE JÉSUS-CHRIST. (B. 1-12.)

1° *Jésus-Christ au mont des Oliviers.*

2° *La prise de Jésus-Christ.*

3° *Jésus-Christ maltraité par les Juifs.*

4° *Jésus-Christ outragé dans le prétoire.*

5° *La Flagellation.*

6° *Le Couronnement d'épines.*

7° *Jésus-Christ présenté au peuple.*

8° *Le Portement de croix.*

9° *Jésus-Christ mis au tombeau.*

Cette suite de pièces rondes porte le monog. sur chaque pièce. Il ne manque que les n°˚ 1, 10 et 12.

MARTIN VAN VEEN, dit HEEMSKERCK, né dans le village de ce nom, en 1498, mort à Harlem en 1574, élève de Schörel. Il marque MH. Ses eaux-fortes sont très-rares.

EAUX-FORTES.

112. *Holopherne et Achior.* Holopherne, armé, est assis à gauche, le bras appuyé sur son bouclier. Il tourne la tête à droite, vers Achior debout devant lui, et vu de profil. Trois guerriers, armés et debout, sont derrière leur général. Le monog. M H est gravé sur une pierre à la droite d'en bas. NON DÉCRITE. — H. 235 m., L. 190.

Très-belle épreuve de premier état, sans inscription ni numéro, avec marges. C'est sans doute la première pièce de l'histoire sacrée du vieux Testament, Cat. Winckler, t. III, n° 2465.

113. — La même estampe, portant vers le bas de la gauche,

entre les pieds d'Holopherne, cette inscription : *Indignatus Holofernes dixit ad Achior. cap.* 6, et tout à fait à l'angle du même côté, le n° 1.

Belle épreuve de deuxième état.

114. *Les soldats d'Holopherne étonnés de la décapitation de leur général.* Pièce de la même suite, et mentionnée au n° 2465 du Cat. Winckler. Au premier plan, soldats renversés et foulés aux pieds par deux guerriers armés de la lance et du sabre. Vers le milieu du haut, la tête d'Holopherne exposée au bout d'un bâton par une fenêtre. A gauche, au second plan, combattants et fuyards. Sans marque ; avec l'inscription : *Dixit Judith, etc.*, au milieu du haut, et le n° 3, à l'angle gauche du bas.

Très-belle épreuve.

115. *L'accouchement de Thamar.* Au fond, la reine est couchée dans son lit. A droite, une femme assise près d'une cheminée à cariatides tient un des enfants nus qu'elle présente devant le feu. A gauche, trois femmes, dont une agenouillée, baignent l'autre enfant dans une vasque. Le monog. est à la gauche d'en bas. NON DÉCRITE. Citée n° 2459, Cat. Winckler.

Cette belle épreuve, de la même dimension que les pièces précédentes, paraît être d'une suite analogue.

116. *La Cène.* Le Christ et ses douze disciples sont assis autour d'une table ronde, au milieu de laquelle est le plat de l'agneau pascal. Saint Jean, endormi, repose sur le sein de Jésus, qui est vu de face au milieu. A gauche, au premier plan, Judas vu de dos. Vers la droite du bas: *M. Heemskerck.* NON DÉCRITE. — H. 247 m., L. 195.

117. *La descente de croix.* A gauche, Nicomède, debout, soutient le corps du Christ ; derrière lui, deux saintes femmes. A droite, au premier plan, la Vierge assise et

saint Jean agenouillé Au-dessus de la tête de la Vierge, dans le lointain, l'épisode de l'ensevelissement. A droite et à gauche, les croix des larrons dont on voit les jambes. On remarque encore à gauche deux poteaux, surmontés de la roue, avec des corps de suppliciés. Belle composition. Sans marque. NON DÉCRITE. — H. 245 m., L. 190.

Très-belle épreuve.

118. *Le Christ au roseau*. Jésus est assis à gauche, et tourné à droite, la tête appuyée sur sa main gauche. A droite, un homme lui présente le roseau. Fond d'architecture et de ruines. Le monog. est vers la droite d'en bas. NON DÉCRITE. — H. 194 m., L. 146.

Belle épreuve, très-vigoureuse.

119. *La Fuite en Egypte*. Au milieu d'une campagne parsemée de ruines, la Vierge, tenant Jésus contre son sein, est montée sur un âne dirigé vers la gauche et conduit par saint Joseph; le bœuf suit l'âne côte à côte. A droite, un grand arbre; à gauche, la statue de Mars debout, nu et vu de dos, sur un riche piédestal, où est écrit dans une tablette: *Martinus Heemskerck*. En outre, le monog. est gravé sur la base du même piédestal. NON DÉCRITE. — H. 250 m., L. 410.

Superbe épreuve d'une pièce très-rare et très-capitale.

BOIS.

120. *Le jeune Tobie*, accompagné de l'ange, prend congé de son père, en lui serrant la main. Au milieu du bas, un chien couché et vu de dos. Sans marque. NON DÉCRITE. — H. 240 m., L. 188.

Belle épreuve de premier état.

121. — La même estampe, entourée d'un riche encadrement

mobile. Au milieu du bas de l'encadrement, la date 1565.
Epreuve de deuxième état.

122. *Tobie frotte les yeux de son père avec le fiel du poisson.* Derrière le vieillard, sa femme et l'ange qui tient son bâton de la main droite. A gauche, dans le lointain, hommes montés sur des chameaux. La marque est vers la gauche d'en bas. NON DÉCRITE.

Belle épreuve de premier état, de la même suite que les précédentes.

D'APRÈS MARTIN HEEMSKERCK.

123. *Les Lutteurs.* Deux hommes nus. L'un d'eux, soulevé par la cuisse, est renversé, et tombe vers la droite. A la droite d'en bas, sur une tablette, la marque surmontée d'un 3. NON DÉCRITE. — H. 245 m., L. 188.

Gravure au burin, probablement d'après un dessin d'Heemskerck, fait en Italie. Le coin gauche est rogné.

124. *L'édification de la tour de Babel.* Superbe composition avec des figures innombrables, par P. Galle. Cat. Winckler, 2439.

Cette belle épreuve n'est pas de l'état mentionné au p° 2439, car elle ne porte ni le nom de Galle ni la date 1569.

DIRCK VAN STAR, le maître à l'étoile, graveur hollandais, 1522-1544. Il marque D. V., séparés par une étoile.

125. *Le Déluge.* Grande composition avec un magnifique paysage et des figures innombrables. A droite, des maisons à moitié submergées. A gauche, au fond, l'arche de Noé. Sur une pierre, vers le milieu du bas, la marque et la date 1544. (B. 2.)

Pièce très-rare et très-belle. Bonne épreuve, mais doublée.

126. *Jésus appelant à lui saint Pierre et saint André.* Il est debout à droite, presque de profil et tourné vers la gauche ; de la main droite, il fait signe aux deux pêcheurs tirant leurs filets dans une barque à gauche, au second plan. Beau paysage dans le fond. Au milieu du bas, une pierre avec cette date : 1523, *mey* 30, et au-dessus, la marque. Le monog. de Van Star se trouve encore à l'arrière de la barque près du gouvernail, le D à rebours, entrelacé avec le V de chaque côté de l'étoile. Bartsch ne mentionne pas cette double marque. (B. 3.) Winckler, 5553.

Superbe épreuve, probablement d'un premier état non décrit.

127. *Jésus marchant sur la mer* et soutenant saint Pierre qui enfonce dans l'eau jusqu'à mi-corps. Jésus est à gauche, tourné vers saint Pierre à droite. Au second plan, une grande barque tient toute la largeur de l'estampe. Au haut de la droite : 1525 *des* 30, et sur la poupe de la barque, le monog. (B. 4.)

Très-belle épreuve.

128. *Jésus tenté par le démon.* Il marche vers la gauche, retournant la tête vers le démon qui le suit. Au milieu du bas, la marque et la date 1523, *april* 2. (B. 5.) Winckler, 5552.

Très-belle épreuve.

129. *Jésus et la Samaritaine.* Il est debout à gauche, près du puits ; la Samaritaine à droite. Au milieu du bas, sous un vase, la marque, et en haut la date 1523. (B. 6.)

Belle épreuve.

130. *Saint Bernard adorant l'Enfant Jésus.* A gauche, la Vierge assise tient sur ses genoux l'Enfant Jésus portant le globe du monde ; de sa main droite, elle presse son sein. Le saint est agenouillé et vu de profil. Le fond représente

un portique et des édifices enrichis d'arabesques et d'ornements magnifiques. A la droite d'en bas la marque, et au milieu du haut la date 1524, oct. 3. (B. 8.)

Epreuve d'une rare beauté.

131. *Saint Luc peignant le portrait de la Vierge.* Il est à gauche devant son chevalet, le bœuf couché à ses pieds; la Vierge est assise à droite et vue de profil, tenant Jésus entre ses bras. Fond d'une architecture très-fine et très-riche. Sur un tabouret, au-devant de la gauche, la marque, et au milieu d'en bas, la date 1525 *in irli* 28. (B. 9.)

132. *Le Tambour et l'Enfant.* Il marche vers la gauche conduisant par la main l'enfant qui tient un cerceau. Au milieu du haut, dans une tablette, la marque et la date 1523 *oct.* 14. Eau-forte. (B. 17.)

ALAERT CLAAS, peintre et graveur, né en Hollande vers 1498, mort en 1564. Il marque un c dans un A gothique. (B., t. IX, p. 117.) Nº 8 des monog.

133. *David et Goliath.* David coupe la tête à Goliath, accroupi à gauche. Dans le fond, à droite, des guerriers et des tentes. A gauche, des enfants qui jouent de divers instruments. Le chiffre est au milieu d'en bas. Pièce ronde. (B. 7.)

Bonne épreuve d'une pièce très-belle et très-rare.

134. *Gattamelata de Narni,* célèbre général des Vénitiens, tué en 1440, et pleuré par le peuple; d'après un dessin d'André Mantegna. Le héros, mort, est étendu, tout nu, sur une table; des hommes et femmes nus l'entourent, les uns debout, les autres couchés à terre. Fond d'architec-

ture. Vers la droite d'en bas, les traces du monog. et de la date 1555. (B. 30.)

> Épreuve d'une pièce capitale et rare, qui porte au verso la marque du cabinet de Josué Reynolds.

135. *Femme nue et ailée*, assise à droite, tournée vers la gauche. Devant elle, plusieurs petits génies. Le chiffre est sur une tablette, vers la gauche d'en haut. Pièce ronde. (B. 32.)

136. *Les deux Brigands*. Deux hommes debout et causant ensemble, l'un vu de dos à gauche, l'autre à droite, vu de trois quarts. Le chiffre est sur une pierre, vers le bas de la gauche. (B. 38.)

137. *Le Soldat succombant sous la Mort*. Il est terrassé à gauche, cherchant à parer avec son sabre le dernier coup de la Mort. A la droite d'en haut, le monog. (B. 39.)

> Très-belle épreuve.

138. *La Vignette au satyre et à la femme*. La marque est à la droite d'en bas. (B. 46.)

139. *Bethsabée au bain*. Elle est à droite, dans l'eau jusqu'aux genoux, et accoudée à une fontaine. A gauche, arrivent les messagers de David, qui la contemple à une fenêtre du fond. La marque est sur le bassin de la fontaine, vers le milieu du bas. Pièce ronde. NON DÉCRITE. — Diam. 060 m.

140. *Mars, Vénus et l'Amour*, debout et de face. Mars est à gauche tenant un bouclier de la main droite, et de la gauche une massue. A droite, Vénus conduit par la main l'Amour, armé de son carquois. Quatre grands arbres dans le fond. En haut, vers la gauche, sur une tablette suspendue à une branche: *Utricht*. NON DÉCRITE.—H. 115 m., L. 084.

> Belle épreuve d'une pièce très-rare.

141. *Sainte Barbe.* Elle est en buste, tournée à droite, tenant de la main droite une palme et un cordon attaché au cou de l'agneau couché sur un encadrement qui entoure l'estampe et qui la cintre en haut. Le monog. est à la gauche d'en bas. NON DÉCRITE. — H. 118 m., L. 080.

Pièce coloriée, d'un travail très-fin.

142. *Hérodiade*, agenouillée, recevant des mains du bourreau la tête de saint Jean-Baptiste, pour la porter à Hérode, qu'on voit à table au second plan avec un homme et une femme. La marque est au milieu de la droite. Pièce ronde, NON DÉCRITE. — Diam. 075 m.

143. *La Nativité.* Sous les ruines de l'étable, la Vierge est agenouillée à gauche, devant l'Enfant Jésus posé à terre. A droite, deux anges et saint Joseph agenouillés. Au milieu du haut, deux anges portent une banderole sans inscription. Vers le milieu d'en bas, près d'un flambeau, la marque dans un A. NON DÉCRITE. — H. 230 m., L. 180.

144. *L'Abondance.* Grande figure allégorique. Femme assise, enveloppée de voiles et de longues draperies, vue presque jusqu'aux pieds. Elle est tournée vers la droite, versant avec un vase dans une coupe présentée par un jeune page debout, et qui ôte sa toque de la main droite. Au bas, des raisins, des poires, des rats qui grimpent sur la robe de la femme, et dans l'angle à droite, le monog. dans un A. NON DÉCRITE. — H. 258 m., L. 173.

Très-belle et très-curieuse pièce, d'un grand style.

JEAN CORNEILLE VERMEYEN, peintre et graveur, né en 1500, près de Harlem, mort en 1559 à Bruxelles. M. Brulliot, n° 1313 des monog.

145. *Femme assise*, les yeux baissés vers un coussin qu'elle tient sur ses genoux. Sa robe est traversée horizontale-

ment par de gros ourlets. Elle porte sur sa tête un voile serré au front et qui retombe sur ses épaules. A gauche, par l'ouverture d'une porte, on aperçoit les maisons d'une ville ; au premier plan du même côté, deux chats vus de dos. A droite, un pot de fleurs sur une fenêtre ouverte ; plus bas, une guitare, un chien endormi, et sur le devant, deux espèces de vases, dans l'un desquels on remarque un petit cœur percé d'une flèche. Des fleurs et des feuilles sont dispersées sur le plancher. Au sommet de l'estampe, un rideau laissant voir sur une sorte d'encadrement des décorations, un masque de théâtre, un vase, un mascaron, etc. La marque est à la droite d'en bas, au milieu de la date 1545. NON DÉCRITE. — H. 248 m., L. 175.

<small>Belle épreuve d'une pièce extrêmement curieuse et rarissime, à l'eau-forte. Est-ce la *Femme occupée à coudre*, citée par M. Brulliot?</small>

146. *La Vierge de 1545*. Elle est assise sur une chaise à gauche, tenant sur ses genoux l'Enfant Jésus, vu de face. A droite, une femme richement parée d'un collier, de pendants d'oreilles et d'un diadème, ayant de grandes ailes au dos, pince de la guitare. Son costume est le costume vénitien du seizième siècle. Les têtes ont un caractère extraordinaire. La marque est sur le montant de la chaise, au milieu de la date 1545. NON DÉCRITE. — H. 259 m., L. 343.

<small>Cette planche rarissime paraît n'avoir pas été terminée dans la partie gauche, et au-dessus de la droite. Citée par M. Brulliot.</small>

CORNEILLE CORT, né à Horn en Hollande en 1536, mort à Rome en 1578.

147. *La bataille des Éléphants*, entre Pyrrhus et les Romains, d'après Raphaël. A gauche, le nom du graveur. A droite, la date 1567 et l'adresse d'Orlandi.

<small>Épreuve doublée.</small>

148. *La Transfiguration*, d'après Raphaël. A la droite d'en bas, le nom du graveur, et dans la marge, l'adresse de Lafreri.

149. *L'Adoration des Bergers*, d'après Polydore. Vers le milieu du bas, la date 1569. Dans la marge, l'adresse de Salamanca.

<small>Très-belle épreuve, d'une parfaite conservation.</small>

150. *La Trinité*, surnommée la Toussaint, d'après le Titien. Vers le milieu, le nom du graveur; à droite, le nom du Titien; à gauche, la date 1566.

151. *La Cène*, d'après Livio Agresti. A la gauche d'en haut, le nom du graveur. Diverses inscriptions dans la marge, et la date 1578.

<small>Ces cinq pièces sont citées dans le *Manuel de l'Amateur d'estampes*.</small>

152. *Saint Jérôme* assis à l'entrée de sa grotte, les mains jointes et la tête tournée vers le crucifix. D'après le Mutien. Fond de paysage, où l'on voit deux lions. A la gauche d'en bas, les noms du peintre et du graveur, et la date 1573. *Non cité.*

CAMILLE CONGIUS.

153. *Aaron réunissant la tribu de Lévi.* Il est debout à l'entrée de sa tente, les lévites agenouillés autour de lui. A gauche, Moïse, et au premier plan, les sacrificateurs tenant un taureau par les cornes. A droite, un grand soldat, vu de dos, à la porte d'une tente ouverte. Le fond représente les tentes des Hébreux, et des montagnes. Vers la droite du bas: *Rafael de Regio inue.* Huit vers latins dans la marge du bas. NON DÉCRITE. — H. 250 m., L. 380.

JEAN WIERIX, né à Amsterdam, au milieu du seizième siècle.

154. *Le Jugement dernier*, d'après Michel-Ange. Au milieu du haut, le portrait de Michel-Ange dans un médaillon; au bas de la gauche, sur une pierre de tombeau : *Johan Wirings cœlauit*. NON DÉCRITE.

155. *Le Père éternel*, assis au milieu des génies du mal. Il tient sur ses genoux un livre ouvert. A droite, un arbre dépouillé, dans le tronc duquel est fiché un petit étendard. A la droite du haut, I W. Dans la marge d'en bas : *Qui non est tentatus, quid scit*. NON DÉCRITE.

156. *Le Triomphe de la Mort*. Au milieu de l'estampe, un squelette debout sur un cercueil. Dans le fond, au sommet, un navire battu par la tempête; au premier plan, femme soufflant une lumière, enfants qui font des bulles de savon, etc. Dans la marge d'en bas : *Quid longa speras breve est quidquid hic vides : Iohā Wiriex excudet F cum G privil sig de Bescher*. NON DÉCRITE.

157. *Les Martyrs de la société de Jésus*. Grand nombre de figures avec l'indication des noms dans la marge du bas, une dédicace, le nom du graveur et la date 1608. NON DÉCRITE.

JÉROME WIERIX, frère du précédent.

158. *L'Enfance de Jésus-Christ*. 64 pièces, dont plusieurs sont signées Antoine Wierx. A toutes marges, et formant un vol. in-18.

159. *Le Christ et ses douze Apôtres*. 13 pièces.

160. *Les Planètes*. 3 pièces, Jupiter, Mars et le Soleil.

161. *Le Christ à la colonne*. Grande composition de quatre

figures. Avec une inscription latine dans la marge du bas. NON DÉCRITE. — H. 375 m., L. 345.

162. Cinq pièces : l'*Ensorcellement*; une excellente copie du n° 140 de Lucas de Leyde (n° 76 de ce Cat.), citée par Bartsch; *Trois hommes assis*, pièce ovale signée et datée 1577; une pièce ronde de l'*Histoire d'Adam et Ève*; et une autre pièce ronde, *Combat de cavaliers*, qui paraît être une copie de Beham.

163. Onze pièces diverses, dont l'*Adoration des Mages*, *saint Sébastien*, etc.

ANTOINE WIERIX, frère des précédents.

164. *L'Eternité*. Composition allégorique avec beaucoup de figures; une inscription dans la marge du bas et le nom d'*Anton. Wierix*. NON DÉCRITE.

165. *Le Christ en croix*. A gauche, la Vierge et une sainte femme. A droite, saint Jean et une sainte femme; la Madeleine agenouillée au pied de la croix. A la gauche d'en haut, *IAW fesit* (sic) 73.

HENRI GOLTZIUS, né à Mulbrecht en 1558, mort à Harlem en 1617.

GRAVURES EN CUIVRE.

166. LES CHEFS-D'OEUVRE DE HENRI GOLTZIUS, suite de six estampes. (B. 15-20.)

1° *L'Annonciation*, dan · le goût de Raphaël. A la gauche du bas, la dédicace Guillaume V, duc de Bavière; au milieu, sur une   blette, le monog. et la date 1594.

2° *La Sainte Vierge visitant sainte Elisabeth*; dans le

goût du Parmesan. Vers la droite d'en bas, la date 1593 et le monog.

3° *L'Adoration des bergers*, dans le goût des Bassan. Le monog. et la date 1594 sont à la gauche d'en bas, sur une pierre.

4° *La Circoncision*, dans le style d'Albert Durer. Vers le milieu du bas, sur une tablette, la date 1594 et le monog.

5° *L'Adoration des mages*, dans le goût de Lucas de Leyde. Le monog. est à la gauche d'en haut sur un écusson d'architecture.

6° *Sainte Famille*, dans le goût du Barroche. La Vierge, assise au pied d'un arbre, tient entre ses bras l'Enfant Jésus qui caresse le petit saint Jean ; saint Joseph debout derrière ce groupe. A gauche, sur une fenêtre, un chat, debout sur ses pattes de derrière, presse contre le mur avec ses griffes un petit oiseau. Le monog. et la date 1593 sont à la gauche du bas.

Belle suite complète en magnifiques épreuves, d'une admirable conservation. Ces pièces sont numérotées 1 à 6, vers la gauche du bas, et portent l'adresse de Vischer, d'Estius ou de Schoneus, à la droite de l'inscription de la marge, excepté la sixième qui n'a pas d'adresse.

167. *L'Annonciation*, n° 1 de la suite précédente. Ep. de 1er état, sans numéro et sans adresse.

168. *L'Adoration des mages*, n° 5 de la même suite.

Très-belle épreuve sans numéro.

169. *Sainte Famille*. La Vierge, assise au pied d'un arbre, donne le sein à l'Enfant Jésus. Dans le haut, à gauche, saint Joseph cueille des fruits. L'âne est couché à droite.

Au milieu du bas : *H G inuent.* A° 1589. La marge du bas où doit être l'inscription est rognée. (B. 24.)

Très-belle épreuve.

170. *Jésus amené devant Pilate*, n° 5 de la suite de la Passion. (B. 27-38.)

171. JÉSUS-CHRIST, LES DOUZE APÔTRES ET SAINT PAUL, représentés à mi-corps. Suite de quatorze estampes. (B. 43-56.)

Il manque à cette suite saint Jacques le Majeur et saint Jean, n°s 3 et 4 ; belles épreuves bien conservées.

172. La même suite dans des médaillons ovales, en contre-partie, excepté le Christ ; avec les noms de chaque apôtre sous le médaillon. *Gallays ex.* Il manque aussi 2 pièces à cette suite.

173. LES ROMAINS ILLUSTRES PAR LEUR VALEUR. Suite de dix estampes. (B. 94-103.)

1° *Horace.* — 2° *Horatius Coclès.* — 3° *Mutius Scevola.* — 4° *Marcus Curtius.* — 5° *Manlius Torquatus.* — 6° *Valerius Corvinus.* — 7° *Titus Manlius.* — 8° *M. Calphurnius.*

Suite en belles épreuves. Il ne manque que les deux frontispices.

174. *La Vierge pleurant sur le corps de Jésus-Christ*, qui est étendu sur ses genoux. Sur une pierre, au milieu d'en bas : *H G jnuent*, et à gauche : *Joannes Star exeu.* Winckler, 2117. Copie du n° 41 de Bartsch, *non citée.*

CLAIRS-OBSCURS.

175. *Bacchus*, debout, tenant des raisins et une coupe. Winckler, 2250. (B. 228.)

176. *Mars*, debout et nu. Il tient sa lance de la main droite. (B. 229.)

177. *Hercule tuant Cacus.* (B. 231.)

178. LES DIVINITÉS DE LA FABLE. (B. 232-237.)

    1° *Helius*, environné du feu du soleil. (3.)

    2° *Flore*, assise au pied d'un arbre. (5.)

    3° *La Nuit*, traînée dans son char par des chauves-souris. (6.)

<small>Les trois pièces de cette suite sont très-belles et très-vigoureuses.</small>

JEAN MULLER, né à Amsterdam vers 1570; élève de Goltzius.

179. *L'Amour contemplant Psyché endormie sur un lit.* Vers la droite du bas : *B. Sprangers, etc.; Joan Mullerus, etc.* Huit vers latins dans la marge du bas. Winckler, 5544. (B. 70.)

<small>Très-belle épreuve.</small>

180. *Bacchus et Cérès abandonnant Vénus.* A gauche, au second plan, Vénus et l'Amour près d'un feu. A la droite d'en bas : *B. Sprangers inuentor, Johan Muller sculpsit.* Dans la marge du bas : *Sine Cerere et Baccho friget Venus*, et quatre vers latins. Winckler, 5542. (B. 74.)

181. *Les trois Marie allant au tombeau de Jésus.* Winckler, 5518.

<small>Belle pièce très-rare; imparfaite de l'angle du bas à droite.</small>

182. *Persée armé par Minerve et par Mercure*, pour aller couper la tête de Méduse. A la gauche d'en bas : *B. Sprangers inuentor.* Dans la marge du bas, une dédi-

cace à Henri Spiegel, signée *Janus Muller sculptor*, quatre vers latins, et à droite : *H. Muller Amstelodami*, 1604. Winckler, 5540. (B. 69.)

> Magnifique épreuve du chef-d'œuvre de Muller, avec marges. Conservation parfaite.

183. *La Fortune distribuant inégalement ses dons.* Grande composition en deux feuilles, d'après Cornelius Corneliades. La Fortune est debout, au milieu, sur un globe, jetant de la main droite les couronnes et les écus ; à droite et à gauche, grandes figures d'hommes et de femmes, nus, dans toutes les attitudes. On remarque vers la droite, au premier plan, une grosse femme assise, dans le style de Rubens. A gauche, en bas, le nom du peintre, et en haut, une dédicace ; à droite, le nom de Muller. Douze vers latins dans la marge du bas. NON DÉCRITE par Bartsch. Citée dans le *Manuel de l'Amateur d'estampes*, par Joubert. — H. 495 m., L. 910.

> Belle épreuve d'une pièce capitale et très-rare.

184. *Chilon, législateur de Sparte.* Tête plus grande que nature, avec deux mains. Ovale. En bas : *Chilon philosophus Spartanus.* En haut, la date 1596. Winckler, 3329. (B. 13.)

> Premier état.

JEAN SAENREDAM, mort en 1607 ; élève de Goltzius.

185. *Vertumne* empruntant la figure d'une vieille femme pour inspirer de l'amour à Pomone, déesse des jardins. D'après A. Bloemaert. 1605. (B. 27.)

186. *L'Enfant prodigue* réduit à la pauvreté se présente à un fermier qui lui fait signe d'aller garder les pourceaux. Très-belle composition, avec des maisons, des arbres,

des personnages et des animaux. D'après A. Bloemaert. 1618. (B. 25.)

Superbe épreuve de premier état, avant la date et l'adresse de Jansson, à Amsterdam. Très-rare et très-recherchée en cet état. Conservation parfaite; marges de 015 m.

187. *Débora* armée d'un clou et d'un maillet pour percer la tête de Sisara ; à mi-corps. D'après Goltzius. (B. 43.)

188. *Loth et ses filles*. Fragment du n° 41 de Bartsch. D'après Goltzius.

189. *Les filles d'Israël chantant les louanges de David* qui revient vainqueur de Goliath, d'après Lucas de Leyde. 1600. Avec l'adresse de M. de Clerck.

JACQUES MATHAN, né en 1571 ; élève de Goltzius.

190. *Les Planètes.* Suite de sept figures debout, dans des formes ovales, environnées de cartouches. Ep. de 1er état. Winckler, 2200. (B. 149-155.)

191. *La Vierge montant au ciel* en présence des apôtres. (B. 239.)

Epreuve doublée.

192. *Les Parques filant la vie des hommes.* Planche ronde. Au milieu du bas : H. G. inuen et excud. N° 1587.

Belle épreuve à toutes marges.

ABRAHAM BLOEMART, peintre et graveur, né à Gorcum en 1559, mort à Utrecht en 1647.

CLAIRS-OBSCURS.

193. *La Madeleine assise en contemplation devant le crucifix.* A la droite du bas : *A. Bloemaert inué.* Winckler, 326.

104. *Sainte Famille*. La Vierge assise tenant l'Enfant Jésus sur ses genoux ; à droite, saint Joseph, le chapeau à la main. A la droite du bas, le nom de Bloemaert en clair. Winckler, 328.

105. *Buste d'un Apôtre*. W. 329.

106. *Aaron*, en grand-prêtre, tenant de ses deux mains l'encensoir. A la gauche du bas, le nom du maître. W. 331.

Très-belle pièce.

197. *Saint Pierre délivré de sa prison* par un ange, d'après un dessin de l'ancien Cabinet de Richter, à Leipsick, lavé à l'encre de la Chine. W. 385.

198. *La Madeleine* agenouillée devant le crucifix. Non citée.

199. *Saint évêque* agenouillé devant un livre. A la gauche d'en bas, le n° 20. Non citée.

200. *Les trois Marie* allant au tombeau. A la droite du bas, le n° 74. Très-beau clair-obscur. Non cité.

PAUL MOREELSE, peintre et graveur en clair-obscur, né à Utrecht en 1571, mort en 1638.

201. *La mort de Lucrèce*. Lucrèce est renversée la tête en bas. A droite, une vieille suivante accourt effrayée. A la droite du haut : *P. Moreelse in.* 1612. Quatre vers latins dans la marge du bas. Winckler, 3282.

Beau clair-obscur en grisaille, avec marges. Pièce très-rare et d'une parfaite conservation.

202. *L'Amour au milieu de deux femmes*, qu'il conduit par la main, en dansant. A la gauche d'en bas : *P. Moreelse*, 1612. En haut, quatre vers latins. Winckler, 3284.

Beau clair-obscur en grisaille, avec marges. Excellente épreuve d'une pièce rare.

CHRISTOPHE VAN SICHEM, né en Hollande vers 1580.

Bois.

203. *Saints et saintes.* Belle suite de 36 pièces, non citée.

La plupart de ces pièces portent en bas le monog.

204. *L'Adoration des bergers.* A la droite du bas : *Van Sichem fecit.*

205. *La sainte Trinité*, d'après Martin Heemskerck.

206. *Trois pièces de la Passion*, d'après Goltzius.

207. *Portrait d'homme* coiffé d'une toque à plumes et tenant un gant dans la main gauche, d'après Goltzius. A la gauche d'en bas, H. G. 1607; et à droite, *C. V. Sichem sculp.*

Très-belle pièce à toutes marges, non citée.

208. *Les Musiciens*, d'après Goltzius, et trois autres pièces.

209. *Judith donnant à sa suivante la tête d'Holopherne.* Copie en contre-partie de l'estampe de Van Sichem, d'après Goltzius. Très-belle épreuve d'une excellente eau-forte. (B. t. III, p. 126.)

ZACHARIE DOLENDO, né à Leyde vers 1567; élève de Jacques de Gheyn.

210. LA PASSION DE JÉSUS-CHRIST. Suite NON DÉCRITE.

1° *La Cène.* Au second plan, Jésus à table avec ses disciples. Sur le devant, à gauche, un homme, vu de dos, apporte un panier ; à droite, une femme précédée d'un enfant apporte des vases. Fond d'architecture. A la gauche d'en bas : *K Mandere inue. Z. Dolendo scu.* et vers le milieu : *D Gheyn excu.* (Nº 1 de la suite.)

2º *Le Baiser de Judas.* A droite, Jésus debout et vu de profil est embrassé par Judas ; à gauche, saint Pierre tire son sabre pour frapper Malchus étendu par terre. Au milieu du bas : *K M inue. Za. Do. fecit*, et au-dessus : *D Gheyn excu.* (Nº 3 de la suite.)

3º *Jésus sortant du tribunal de Pilate.* Il est debout et de face, au milieu, conduit par deux soldats. Au second plan, Pilate se lave les mains, soldats et divers personnages. A la gauche d'en bas : *K Mandere inuen. Za. Do. scul.*, et vers la droite : *D Gheyn excu.* (Nº 5 de la suite.)

4º *Le Calvaire.* Jésus est crucifié entre les deux larrons ; la Vierge, la Madeleine, saint Jean et deux saintes femmes sont au pied de la croix. Sur le premier plan, quatre soldats jouent aux dés les vêtements du Christ. A la gauche d'en bas : *M. in. Z. Do. sc. D. Gheyn excu.*, le Z à rebours. (Nº 10 de la suite.)

5º *La Descente de croix.* Quatre hommes sont occupés à descendre le corps du Christ. A droite, la Vierge assise et une sainte femme ; à gauche, la Madeleine et une autre femme. A l'angle du bas : *K Mandere inuen. D Gheyn sculp.* (Nº 11 de la suite.)

6º *L'Ensevelissement.* Au milieu, Nicomède et Joseph d'Arimathie soulèvent le corps du Christ pour le mettre dans le sépulcre. A gauche, la Madeleine baise les pieds du Christ. A droite, la Vierge évanouie. Au bas de la gauche : *K Mandere inuen. Z. Do. scul.*, et vers le milieu : *D Gheyn excu.* (Nº 12 de la suite.)

7º *La Résurrection.* Le Christ sort radieux du tombeau, au milieu des anges et des chérubins. Au premier plan, à droite, les saintes femmes apportant des parfums; à gauche, les soldats effrayés. Au bas du milieu : *K. Mandere inuen. D Gheyn schulp.* (sic) *et ex.* (N° 13 de la suite.)

> Epreuves de premier état, avec la marge inférieure sans aucune inscription. Très-belle suite à grandes marges, numérotée à la gauche du bas.

211. Quatre pièces de la même suite : les n°° 2, *Jésus à la montagne des Oliviers*, 4, *Jésus devant le grand-prêtre*, 6, *le Christ à la colonne*, et 7, *le Christ couronné d'épines*.

> Cette suite de second état porte dans la marge une inscription flamande, et à la droite les n°° 68, 69, 74 et 75.

212. *La Confusion des langues*. Les différents peuples s'éloignent de la tour de Babel détruite par le feu du ciel. Grande composition avec des figures innombrables. A gauche en bas : *K. Mandere inve. Za Dolen. sculp.* Vers le milieu : *de Gheyn excudit.* NON DÉCRITE. — H. 340 m., L. 635.

213. *Jésus en croix*, entre les deux larrons. A droite, un soldat lui présente une éponge imbibée de fiel; à gauche, la Vierge, une sainte femme et saint Jean; la Madeleine est accroupie au pied de la croix. Au premier plan, à droite, hommes à cheval; à gauche, des soldats jouent aux dés les vêtements du Christ. Au milieu du bas : *I. D. Gheyn inuentor et excud.* A droite : *Za Dolendo schulp.* NON DÉCRITE. — H. 492 m., L. 335.

PIERRE SOUTMAN, né à Harlem, élève de Rubens. 1630.

214. *La Cène*, de Léonard de Vinci, d'après un dessin de Rubens, avec des versets dans la marge. Citée dans le

Manuel de l'Amateur d'estampes et dans le cat. Winckler, n° 5394. — H., sans la marge, 270 m., L. 990.

Pièce magnifique, avec des marges de 060 à 080 m.

215. *Un saint Évêque*, couronné par d'autres évêques. Au milieu du haut, le Saint-Esprit rayonnant; dans la marge du bas : *P. Soutman fecit et excud. P. P. Rubens inuent. cum priv.* NON DÉCRITE. — H. 310 m., L. 210.

Très-belle épreuve d'une eau-forte rare, avec marges, et très-bien conservée.

PIERRE VAN HARLINGEN, de Harlem, peintre sur verre et graveur à l'eau-forte. N° 479 des monog., 1ʳᵉ partie.

216. *Feuille d'études de têtes*, hommes, femmes et enfants. 10 têtes, avec des expressions diverses. A la gauche d'en bas, le monog., et vers la droite : A° 15... NON DÉCRITE. — H. 165 m., L. 118.

Belle eau-forte, avec marges.

PIERRE HUYS, d'Anvers, 1570. N° 268 des monog.
217. *Les Israélites traversant le Jourdain.* B. 3, d'une suite d'estampes dans les *Monuments du salut humain*, Anvers, 1571.

HUGO ALLARDT, graveur et éditeur à Leyde, vers 1650.

218. *Caricature de Philippe IV, roi d'Espagne.* Le roi, ayant pour tête une médaille datée 1664, est assis sur un globe déchiré où l'on voit des hommes et des femmes qui se battent ; son bras droit est appuyé sur un immense sac d'écus qui débordent. Personnages innombrables, avec des inscriptions en flamand. NON DÉCRITE. — H. 420 m., L. 485.

Curieuse satire du gouvernement espagnol dans les Pays-Bas.

JEAN-GEORGE VAN VLIET, peintre et graveur à l'eau-forte, né à Delft vers 1610; élève de Rembrandt.

219. *Deux maçons* dans un bâtiment en construction. L'un à droite, vu de profil, est tourné vers la gauche; l'autre est vu de dos. Vigoureuse eau-forte. NON DÉCRITE. — H. 208 m., L. 163.

HERMAN SWANEVELT, Herman d'Italie, peintre et graveur à l'eau-forte, né à Voerden en 1620, mort à Rome en 1690; élève de Claude Lorrain.

220. *Paysage*, avec le sujet de l'*Ane de Balaam*. A la droite d'en haut : H. *Swaneuelt fecit Rom.*, K. *Audran excudit.* (B. 111.) *Manuel de l'Am. d'estampes*, t. III, p. 113.

Épreuve de premier état, avant l'adresse de Mariette; avec marges.

PIERRE COECK D'ALOST, peintre et architecte, né à Alost en 1490, mort à Anvers en 1550. M. Brulliot, 1421, 1re partie.

221. *Vue de Constantinople*, mœurs et coutumes des Turcs. Grande gravure sur bois, en dix morceaux qui peuvent se joindre en forme de frise.

Très-belle épreuve, d'une gravure extrêmement rare.

CORNEILLE BOS, né en Flandre, graveur et marchand d'estampes à Rome vers le milieu du seizième siècle. N° 810 des monog., 1re partie.

222. *Vulcain forgeant des ailes à l'Amour*. Au milieu, trois hommes, dont un debout et vu de dos, battent l'airain sur une enclume. A droite, Vénus debout, et l'Amour, un carquois à ses pieds. A gauche, un homme nu agite le soufflet de la forge. Au bas, le monog. C-B et la date 1546. Huber, n° 6.

Belle épreuve d'une pièce importante.

CORNEILLE BOS.

223. *Armures* étendues par terre en faisceau. Cuirasse, casques, sabres et piques. A la gauche d'en bas, la marque surmontée de la date 1550. Huber, n° 10.

224. *La Jalousie*, composition allégorique. Dans le haut, vers la droite, Jupiter, tenant sur ses genoux un jeune homme nu, est assis sur les nuages, au milieu des Amours. En bas, un homme nu, monté sur un monstre couronné et furieux, est contenu par des satyres qui lui versent de l'eau sur la tête. Tout le devant représente comme une vision de l'enfer avec des flammes, des serpents, et des figures hideuses. Vers le bas de la gauche, la marque suivie de la date 1547. NON DÉCRITE. — H. 484 m., L. 333.

Pièce libre, très-capitale.

225. *La Descente de croix*. La Vierge soutient dans ses bras le Christ dont la Madeleine prosternée baise les pieds. Autour d'elles, six autres saintes femmes; à droite, saint Jean; à gauche, Nicomède portant la couronne d'épines et les clous. Au second plan, la croix du Christ à laquelle est appuyée une échelle. A droite et à gauche, les larrons. Au fond, quelques hommes à cheval, des édifices en ruines et des montagnes. Le monog. et la date 1545 sont gravés au haut de la croix du mauvais larron, à gauche. Dans la marge d'en bas, une inscription latine en quatre lignes : *Horrescens*, etc. NON DÉCRITE. — H. 410 m., y compris la marge, L. 315.

Superbe composition, belle épreuve, mais défectueuse au sommet.

226. *La Force*, figure allégorique. Homme nu, assis au bord d'un fleuve, la tête tournée à gauche. Il est couronné de feuilles et de fruits, et il tient de la main droite une corne d'abondance. Au fond, une tour et un cirque. A la droite

d'en haut, le monog. et la date 1546. NON DÉCRITE. — H. 142 m., L. 198.

> Belle épreuve qui paraît un peu rognée à gauche, mais qui a une marge inférieure de 015 m.

227. *La Vierge et l'Enfant Jésus.* Elle est assise, tenant son fils debout entre ses bras. Le monog. est sur une grande draperie qui occupe tout le haut du fond. NON DÉCRITE. — H. 120 m., L. 085.

228. LES DANSEURS DE NOCES, cinq pièces NON DÉCRITES :

1° *Le Repas de noces*; 2° Deux musiciens; 3° Cavalier tenant par la main une femme vue de profil et tournée à droite; 4° Cavalier portant la main à son chapeau et tenant une femme de la main droite; 5° Cavalier et femme marchant vers la gauche. — H. 050 m., L. 040.

> Ces cinq pièces, de la même suite, portent le monog. à la gauche d'en haut. La première est moitié plus large que les autres.

229. *Montant d'ornements.* En haut, figure de vieillard représentant l'Architecture. A gauche de ce personnage, le monog. et la date 1548. NON DÉCRITE. — H. 115 m., L. 040.

230. *Panneaux d'ornements.* Deux pièces, l'une représentant un homme nu, debout, de face, entouré d'oiseaux chimériques; à la gauche d'en bas, le monog. et la date 1548; l'autre représentant une femme nue, assise, qui bat du tambour. En haut, à gauche, le monog. et la date 1548. NON DÉCRITES. — H. de la première pièce 045 m., L. 080; H. de la seconde, 040 m.; L. 056.

CORNEILLE MATSYS, graveur du milieu du seizième siècle. Il marque C M A accolés. N° 58 des monog.

231. *La Paysanne jalouse.* Groupe de trois figures en pyramide. A la gauche d'en bas, la date 1549 et le monog. (B. 52.)

232. *Les quatre Aveugles*, marchant en file vers la droite ; le premier tombe dans un trou et entraîne les autres. Le monog. est vers le milieu du haut, entre les têtes du troisième et du quatrième aveugle. (B. 53.)

LEON DAVENT ou d'Aven, né à Lyon ? vivait de 1540 à 1565. Il marque L. D. M. Brulliot, n° 1185, p. 148, 1re partie.

233. *Empereur romain offrant un sacrifice*, d'après un dessin du Primatice. Sujet tiré de la colonne Antonine. Le monog. est à la droite du bas sur le piédestal de l'autel ; au-dessous, la date 1565. Avec une inscription latine, l'adresse de Lafreri, et celle de Pierre de Nobilibus. (B. 14.)

Bonne épreuve, quoique de troisième état.

234. *Hommes et Femmes cultivant un jardin*, au milieu duquel est le terme de Priape. Sur le piédestal de la statue : *A Fontenebleau.* D'après le Primatice. (B. 43.)

235. *Saint Paul.* Il est assis, enveloppé d'une grande draperie, accoudé à une colonne, la main droite appuyée sur son épée flamboyante. On lit près de sa tête l'inscription suivante : « Nous ne preschons point nous-mêmes, mais Jésus-Christ nostre Seigneur. z. Corin. 4 »; et en bas, sur un piédestal, une autre inscription en français. NON DÉCRITE. — H. 233 m., L. 188.

Épreuve de graveur, avec des traits de burin dans le fond.

236. *Nymphes poursuivies par un satyre.* Elles s'enfuient vers la gauche entre des rochers. Le satyre a saisi l'une d'elles qu'il enlève entre ses bras. Le fond représente, au

delà d'une rivière, une éminence avec des édifices. Beau paysage. NON DÉCRITE. — H. 140 m., L. 235.

<small>Pièce libre, d'un travail très-spirituel et très-fin.</small>

FRANC FLORIS, François de VRIENDT, peintre et graveur, né à Anvers en 1520, mort en 1570.

237. *La Victoire*, figure allégorique. Femme armée et casquée, debout, les bras étendus. Au-dessus de sa tête : *Victoria*. Autour d'elle, des guerriers enchaînés et des armures éparses. Au bas, à gauche : *Fraes. Floris fecit, Cock excudebat*, et plus loin : 1552. Six vers latins dans la marge. Winckler, 1845. Citée aussi par Van Mander.—H. 300 m., L. 434.

<small>Très-belle épreuve d'une eau-forte, capitale et rarissime.</small>

238. *Judith* mettant la tête d'Holopherne dans un sac que tient sa suivante. Le corps décapité est étendu dans le fond sur un lit orné de draperies. Par terre, un vase renversé, un sabre et un casque. NON DÉCRITE.—H. 235 m., L. 192.

<small>Belle eau-forte.</small>

239. *Guerrier attaché à un arbre*. A droite, une foule d'hommes armés qui sortent d'une poterne. A gauche, dans le fond, des tentes et des soldats. NON DÉCRITE.—H. 240 m., L. 193.

240. *L'Enlèvement des Sabines?* Au milieu, une femme vue de profil, marche vers la gauche, les mains jointes et les yeux levés au ciel ; derrière elle, à droite, une autre femme emportant des vases, et des guerriers sortant de la porte d'une ville. A gauche, au second plan, des soldats entraînent des femmes. Au fond, les tentes de l'armée et de nombreux personnages. NON DÉCRITE. — H. 234 m., L. 190.

PIERRE BREUGHEL, le Vieux, né à Breughel, près de
Bréda, en 1510 ; mort à Bruxelles en 1570. N° 2206 des
monog., 2° partie.

241. *Le Charlatan*, ou la nouvelle méthode de guérir toutes
les maladies. Grande composition avec une foule d'épiso-
des satiriques. Au milieu, un paysan assis, à qui on verse
de l'eau sur la tête. Au-dessus de lui, le charlatan debout
sur ses tréteaux : *Maistre Jean de la folie, grand opérateur
et médecin iuré*, etc.; cette inscription de quatre lignes
occupe le milieu du haut. Au bas, trois quatrains de vers
français, et dans la marge six vers flamands. Vers le bas
de la droite : *P. Brueghel inuentor*, sur une tablette attachée à un immense œuf brisé dans lequel un charlatan opère
un paysan. Le monog. est sur le montant d'une table, vers
le milieu. Au bas de la marge : *Joan Galle excudit*. Winckler, 647. — H. 350 m., y compris la marge inférieure ;
L. 465.

Belle épreuve, d'une conservation irréprochable.

242. *Les Fiançailles*. Paysanne, les cheveux épars, conduite,
en dansant, par son fiancé. A gauche, une tente, un enfant
et deux femmes. Fond de paysage avec des maisons. A la
droite d'en bas : *Brueghel inuentor;* vers la gauche, le monog. ; vers le milieu : *C. Van Tienen excud*. Dans la
marge d'en bas : *Mopso Nisa datur*, etc. Winckler, 656.

Très-belle épreuve.

243. *Orgie de Villageois*. Au milieu, une vieille femme
assise devant la cheminée, fait des gaufres dans un
moule. A gauche, un gros homme assis ; derrière lui, un
musicien qui pince de la guitare, et une vieille femme debout. A droite, un moine qui approche un pot de sa bou-
che, une femme assise, une autre femme qui racle les
pincettes sur un gril, et une religieuse qui savonne le

menton d'un fou assis. Au-dessus de la cheminée, une pancarte représentant un hibou habillé en pèlerin, avec cette inscription : *Hiero Bos inuentor*. Le monog. est vers le milieu, sur la boîte au sel accrochée au mur. Vers la gauche du bas : *Corn. Van Tienen excudebat*. NON DÉCRITE. — H. 193 m., L. 285.

Belle épreuve.

244. *Fête de village*. Au milieu, une lourde paysanne qui a quitté ses sabots, danse près d'une barrique, sur laquelle est assise une petite souris encapuchonnée. A gauche, paysan qui joue du violon, et quelques autres personnages à la porte d'une auberge. A droite, sous un hangar, hommes et femmes qui boivent. Vers le bas, de ce côté, le monog. F. H., qui ne peut se rapporter au graveur cité par Bartsch, t. IX, p. 89. A gauche, *Hvys excv*, 1558. NON DÉCRITE. — H. 235 m., L. 313.

Belle épreuve avec marges.

245. *Les Aveugles*. Ils sont vêtus en pèlerins. Le premier, qui porte une vielle, tombe dans un fossé près d'un tronc d'arbre à droite et entraîne son compagnon. A gauche, au second plan, deux autres aveugles qui tombent dans un trou. Fond de paysage. A la droite d'en bas, le monog., *H. Bos inuentor*, *Theod. Galle excu*. Dans la marge d'en bas, cinq vers latins et cinq vers français. NON DÉCRITE. — H., y compris la marge, 217 m., L. 252.

246. LES PROVERBES.

1° *Jument effrayée*, poursuivie par un homme dans un mannequin couvert de foin. Au second plan, une femme qui court après un homme.

2° *Le Bureur*. Il est assis sur un gros œuf cassé, dans

l'intérieur duquel on voit une marotte. Il porte un verre à ses lèvres.

3° *Le Tireur d'arbalète.* On lit entre ses jambes :

Qui souuent donne et n'en a ioye,
Lune flesche après lautre enuoye.

4° *Les deux aveugles.* Ils tombent, en criant, dans une rivière.

5° *Personnage en deuil*, enveloppé d'un capuchon et marchant vers la gauche. Une figure grotesque, à demi cachée dans un globe surmonté de la croix, retrousse la grande robe de l'autre et lui coupe sa bourse. Au milieu, vers le haut :

Je porte deuil voyant le monde,
Qui en tant de fraudes abonde.

Ces cinq pièces, de la même suite, sont de forme ronde et entourées d'une inscription en flamand. NON DÉCRITES. — Diam., 158 m.

Les épreuves de cette curieuse série sont très-belles et à pleines marges.

247. *Personne. Nemo non.* Au milieu, un vieillard avec une lanterne, entouré de divers emblèmes, qui portent des inscriptions et des signes. A la droite d'en bas : *H. Cock exced. cum privileg.* Dans la marge, quatre vers latins. Winckler, 652.

248. *La Gourmandise.* Autour d'une table, un moine assis sur un porc, des femmes ivres et une foule de figures allégoriques de tous côtés. Spirituelle caricature, de la suite des *Vices*, dont le Cat. Winckler cite la Luxure et quelques autres. Au milieu du bas : GULA, puis le monog. ; sur un

baquel : *Brueghel inuentor*, et à la droite ; *H. Cock exeud. cum gratia et priu*. NON DÉCRITE. — H. 210 m., L. 273.

249. *Prospectus tyburtinus*. Grand paysage, avec une cascade entre des rochers. Le titre latin est écrit dans la marge, les deux s de *Prospectus*, retournées. Vers la droite du bas : *H. Cock excud*.

250. *Pagus nemorosus*. Vue d'un village au milieu de grands arbres. A gauche, une charrette et des cavaliers sont engagés dans une mare. Au bas : *Brueghel inue*, *H. Cock excu*.

251. *Fuga deiparae in ægyptum*. Grand paysage, avec une rivière à gauche ; des montagnes et des arbres, à droite. Au milieu, sur le devant, la Vierge assise, saint Joseph et l'âne. Au bas, vers la droite : *Brueghel inue*, *H. Cock excud*.

> Ces trois paysages, en belles épreuves avec marges, font partie du n° 663 du Cat. Winckler.

252. *Paysage-marine*. A droite, un village avec un clocher, des arbres et des montagnes. A gauche, plusieurs barques et dans le lointain les édifices d'une grande ville. *H. Cock excudit*, 1562. — H. 142 m., L. 400.

> Cette eau-forte paraît être de l'école des Breughel.

JÉROME COCK, peintre, graveur et marchand d'estampes à Anvers, puis à Rome, où il mourut en 1570.

253. *Assuérus touchant de son sceptre la tête d'Esther* ; d'après Lambert Lombard. Au milieu, le roi est assis sur son trône et tourné à gauche, de profil. Esther est agenouillée devant lui, les deux mains appuyées sur une marche du trône. A gauche, sept femmes de la suite d'Esther ; à droite, dix-neuf personnages de la cour d'Assuérus. Au milieu du

haut, sur un cartouche au-dessus d'une porte ouverte : *Lambert Lomb. inve. H. Cock excudit* 1553. A droite en haut, une inscription latine en sept lignes : *Hester judaice*, etc. NON DÉCRITE. — H. 262 m., L. 435.

Pièce capitale, parfaitement conservée.

254. *Les Grands Hommes de l'Italie* : GVIDO CAVALCANTES, DANTES, JOANNES BOCCATIVS, FRANCISCVS PETRARCHA, ANGELVS POLITIANVS, MARSILIVS FICINVS. Ces six noms sont inscrits au-dessus de la tête des six personnages. Le Dante est assis au milieu, dominant les autres. Il tient dans la main droite un volume de Virgile. Devant lui, sur une table, des livres, des globes et le nom de *Hiro*. Cock. Huber, n° 7.

255. *Paysage mythologique*. Mercure endort Argus. Au bas de la droite : *H. Cock fe*. Huber, n° 9.

LAMBERT SUAVIUS ou SUTERMAN, peintre et graveur, né à Liège, vers 1510 ; probablement élève de Lambert Lombard.

256. *La Résurrection de Lazare*, d'après Lambert Lombard. Jésus est à gauche sous une voûte, près du tombeau entouré d'hommes et de femmes. A droite, plusieurs figures au second plan, avec un fond de paysage et d'architecture. Dans le haut, du même côté, une inscription de onze vers latins, et dans le bas sur une tablette : *Lambertus Suauius*, 1544. Huber, n° 2 ; Winckler, 5595.

Belle épreuve, bien conservée.

257. La même estampe, imparfaite du côté droit.

258. *Le Christ et les apôtres représentés debout et appuyés contre des ruines.* Suite numérotée de 13 pièces. Winckler, 5604.

Il manque un des apôtres à cette belle suite, dont chaque pièce porte le nom de Suavius et une date de 1511 à 1518.

259. *Saint Pierre et saint Paul guérissant le boiteux* à la porte du temple. Grande composition de quarante-une figures. Vers la gauche du haut, une dédicace à la sœur de Charles-Quint. Vers le milieu du bas, douze vers latins, et à droite : *inventore ac cœlatore Svavio*, 1553. Huber, n° 5.

260. *La Sibylle de Libye*, d'après Raphaël. Elle est debout dans une niche, la tête tournée à droite. Dans la marge du bas : *S. Libica*, et à droite, le monog. L. S. NON DÉCRITE. — H. 185 m., L. 085.

261. *La Vérité*, d'après Lambert Lombard. Elle est assise dans une niche, tenant de la main gauche une torche, de la main droite montrant un livre ouvert posé sur ses genoux. En bas à gauche : *L. L. inv.* et au milieu : *Cock excud.* 1557. NON DÉCRITE. — H. 100 m., L. 070.

LE MAITRE AU MONOG. G. D. W., élève de Lambert Suavius. M. Brulliot, n° 981 des monog., 2e partie.

262. *Saint Pierre et saint Paul guérissant le boiteux* à la porte du temple. A droite, saint Pierre soulevant l'infirme; à gauche, saint Paul les mains jointes et les yeux levés au ciel. Au second plan, le temple de forme circulaire occupant presque tout le fond. On lit au bas : *Argentum et avrvm non est mecvm, quod avtem habeo hoc tibi do, in nomine Ihesv Chrieti nasareni svrge et ambvla.* A BRVSELLE. Toutes les s de cette inscription sont retournées. NON DÉCRITE. — H. 400 m., L. 280.

Belle épreuve, bien conservée, d'une pièce capitale.

263. *Le même sujet*, d'après la composition de Raphaël. Qua-

torze personnages. En bas, une inscription latine : *Vi-
dens*, etc., et le monog. à gauche. Indiquée par M. Brulliot, n° 168.

264. *Saint Jean-Baptiste prêchant dans le désert.* Il est debout sur un tertre, tourné de profil vers la gauche et tenant
la croix de la main droite. Il est entouré d'hommes et de
femmes, assis ou debout. NON DÉCRITE. — H. 225 m.,
L. 325.

<small>Très-belle épreuve, qui paraît un peu rognée d'en bas.</small>

265. *Benjamin.* Il est debout dans une niche, la tête tournée
à gauche. En bas : *Beniami*, et en haut, au-dessus du
cintre de la niche : *à Bruselle*, l's retournée. NON DÉ-
CRITE. — H. 200 m., L. 080.

266. *Saint debout dans une niche.* Il tient un livre entre ses
deux mains. NON DÉCRITE. — H. 118 m., L. 082.

<small>Rognée en haut, et défectueuse.</small>

PAULUS WTENWAEL. M. Brulliot, 2359.

267. *Dessin de manche de poignard et de poignée d'épée.* On
remarque dans le manche du poignard, à droite, une femme
renversée, qui tient un cor de la main droite. Aux extré-
mités des gardes, sont deux têtes humaines, coiffées l'une
d'un turban et l'autre d'un bonnet. Le milieu de la poignée
d'épée, à gauche, présente un satyre fort indécent, portant
des fruits sur sa tête, et un petit écusson avec les lettres
P. W. En haut de la droite, deux modèles pour le bout du
fourreau. NON DÉCRITE. — H. 200 m., L. 250.

<small>Riche composition, dans le goût de Benvenuto. Travail
très-fin.</small>

268. *Phébus et Daphné.* Celle-ci court vers la gauche, les
bras étendus en avant ; Phébus la poursuit. Dans le ciel

l'Amour lance une flèche. Vers le milieu du bas, le monog. P. V. W. Pièce ovale avec cette inscription dans la marge tout autour : *Daphnen Phebus amat, sequitur que per avia amatam ut maneatque rogat : sed magis illa fugit.* NON DÉCRITE. — H. 065 m., L. 085.

269. *Composition allégorique.* Dans un beau paysage, au bord d'une rivière, un enfant nu est endormi, le coude gauche appuyé sur un sablier. Une tête de mort est entre ses jambes. A droite, une forêt ; à gauche, dans le lointain, un pont et quelques maisonnettes. Vers le milieu du haut, sur une tablette portée par une main : *Parles. Wien Wal eltrai. fecit.* 1570. Au-dessous, une chauve-souris chimérique déploie une banderole, où on lit : *Omnia temprs habent svcm.* Pièce ovale avec cette inscription dans la marge : *Nascentes morimur, finisque ab origine pendet. ioannes Liefrinck excv.* NON DÉCRITE. — H. 068 m., L. 086.

270. *Minerve et neuf nymphes qui jouent de divers instruments.* Minerve casquée est debout à gauche, tenant sa lance. A droite, les nymphes au bord d'un bois. Sous les pieds de Minerve est la signature : *Parles. Wtcel. F.* Pièce ovale qui portait sans doute aussi une inscription à l'entour. NON DÉCRITE. — H. 063 m., L. 083.

Ces pièces, extrêmement curieuses, et qui donnent une date à un maître presque inconnu, sont d'une perfection rare.

MAÎTRE INCONNU, du 16e siècle.

271. *Liuvre artificieux et tres profitable pour paintres, tailleurs des images et d'antiques, Orfebures, et plusieurs autres gens ingénieuses.* Hantverpen by my Jean Richart. 1562. — Au verso du titre, douze écussons. Huit feuilles de têtes de femmes, avec des coiffures variées, au verso et au recto ; neuf têtes par pages. Quatre feuilles de

têtes d'hommes, verso et recto, costumes et expressions diverses. Gravures au trait. Ancien ouvrage, in-octavo, absolument inconnu; avec une page de copie de ces têtes en contre-partie, signée *J. Dubrayet fecit*.

JEAN COLLAERT, né à Anvers en 1545, élève de son père. N° des monog. 1224, 1re partie.

272. *Mutius Scévola*. Ovale, avec une inscription latine à l'entour, et des ornements aux quatre coins extérieurs. — H. 100 m., L. 140.

    Belle épreuve.

273. *Proserpine* debout dans une niche et tournée à gauche. Le monog. à la gauche d'en bas.

    Belle épreuve.

274. *Jason* debout dans une niche et tourné à gauche.

    Très-belle épreuve.

275. *Judith, Lucrèce, Jupiter tonnant, homme assis tenant par le pied un enfant renversé, et homme assis portant un caducée*. 5 p.

276. *Caïn et Abel*. Pièce ronde. — Diam. 053 m.

JEAN-THÉODORE DE BRY, né à Liége, travaillait à Francfort, vers 1570.

277. *L'Age d'or*, d'après Bloemaert. Pièce ronde, très-belle d'épreuve, avec grandes marges.

278. *Le Triomphe du Christ, le Triomphe de la mort* et deux dessins d'orfévrerie. 3 p.

P. BALTENS, d'Anvers, peintre et graveur, mort en 1588; élève de Franc Floris.

279. *Laissez venir à moi les petits enfants*, d'après Ambroise

Franck. Grande composition avec vingt-trois personnages. Au bas, dans les dessins du parquet, les noms du peintre et du graveur. NON DÉCRITE. — H. 350 m., L. 440.

ABRAHAM DE BRUYN, né à Anvers vers 1550, imitateur des Wierix.

280. *Marcus Curtius*, à cheval, se précipitant dans le gouffre. Très-belle pièce, NON DÉCRITE, datée 1569.

281. *Suzanne et les Vieillards.* 1570. 2 p.

282. *Orphée et les animaux.* 2 belles p. 1558 et 1578.

283. *L'Annonciation*, deux *Guerriers à cheval* et *Abraham et Isaac* dans un paysage. 4 p.

284. *Animaux sauvages* : lion, panthère, rhinocéros, porc-épic, chameau. 5 p. Winckel 803.

285. *Chevaux*, etc. 4 p.

286. *Animaux divers.* 6 p.

287. *Oiseaux.* 3 p.

288. *Panneaux d'ornements.* 4 p.

NICOLAS DE BRUYN, fils d'Abraham, né à Anvers, vers 1570.

289. *Jésus présenté au peuple.* Grande et belle composition, avec des personnages innombrables. Au milieu du bas : *Nicolas de Bruyn, invent. et sculpt.* Winckler, 831.

290. *Daniel et ses compagnons dans la fournaise.* Grande composition, datée 1610.

CORNEILLE FLORIS (D'après).

291. Suite de vingt *vases, coupes, vasques*, etc.; fond de hachures horizontales.

PIERRE BAST, graveur, 1598.

292. *La Parabole du semeur.* Au milieu, le Christ avec quatre de ses apôtres. A gauche, le semeur dans ses sillons. Au bas de la gauche : *P. Bast f.* 1598, *C. Visscher exc.*

ISAAC DUCHEMIN, peintre et graveur flamand, vivait en 1590.

293. *La Résurrection de Lazare.* Grande composition de vingt et une figures. Au milieu, Lazare relevé par une femme et un jeune homme; à gauche, le Christ. Vers le bas du milieu : *Adrian de Werdt inventor, Isaacus Duchemius Bruxellensis fecit.* Dans la marge du bas, quatre vers latins, et : *Johannis de Sam excudit.* NON DÉCRITE. — H. 410 m., L. 535.

CUSTOS (Dominique), né à Anvers en 1560, mort à Augsbourg en 1612.

294. *Portrait en pied de Cosme de Médicis*, dans une niche encadrée de magnifiques ornements. Cosmo est debout, armé, et tourné vers la droite; son casque et ses gantelets sont à ses pieds. Au verso, un texte dans un encadrement ovale. — H. 425 m., L. 300.

Très-belle épreuve.

PHILIPPE GALLE, né à Harlem en 1537, mort à Anvers en 1612.

295. *Les Neuf muses* en pied, avec leurs attributs. Suite numérotée. Chaque estampe porte : *Martin de Vos invenit. Phls. Gall excudit.*

296. *Trois montants d'ornements.* Dans la marge du bas : *Marc Geerar inuen. Phls. excud.*

CORNEILLE GALLE, né à Anvers vers 1570.

297. *Le Portement de croix.* Grande et belle composition, d'après Jérôme Bos. Huit vers latins dans la marge. NON DÉCRITE. — H. 325 m., L. 410.

JACQUES DE GHEYN, le vieux, né à Anvers en 1565, mort en 1615.

298. *Jésus-Christ en pèlerin.* Il est debout et de face. En bas, à gauche, K.M. (Mandere) *inue. I. D. G. scul.* Dans la marge, un verset latin. NON DÉCRITE. — H. 295 m., L. 188.

Très-belle épreuve.

299. *Le Christ portant sa croix*, dans un médaillon entouré d'anges et d'ornements, d'après K. Van Mander.

300. *Neptune monté sur un cheval marin*, dans un médaillon entouré de sirènes, de tritons, de femmes, et d'enfants. *Guilelmus Tetrho. inuet. H. Goltzius excud.* a° 1587. *Jacques de Gheyn sculp.* NON DÉCRITE. — Diam. 250 m.

Superbe épreuve, d'une conservation parfaite ; avec marges.

JEAN SADELER, né à Bruxelles en 1550, mort à Venise, en 1610.

301. *Vases de fleurs.* Suite numérotée. *Jean Sadeler excudit Veneliis.* 6 p.

GILLES SADELER, peintre, graveur, neveu et disciple du précédent, né à Anvers en 1570, mort à Prague en 1629.

302. *Allégorie sur la mort de la femme de Spranger.* A droite, le portrait de la femme, entouré des symboles de

la mort ; à gauche, Spranger, le front soucieux ; un squelette le perce d'une flèche et le Temps lui présente son sablier. Dans la marge d'en bas, la dédicace du graveur au peintre. Winckler, 5218.

> Très-belle épreuve d'une pièce que Joubert appelle avec raison un chef-d'œuvre.

PIERRE DE JODE, le vieux, né à Anvers en 1570, mort en 1634 ; élève de Goltzius.

303. *David vainqueur de Goliath*. Copie en contre-partie du n° 26 de Lucas de Leyde. En bas, vers la droite : *Petrus de Jode excud.* ; et vers la gauche, la marque de Lucas de Leyde.

> Belle épreuve à toutes marges.

HENRI HONDIUS, le Vieux, né à Duffel en 1573, mort à La Haye en 1610.

304. *Les Patriarches et les saints*, dans une gloire, adorant l'Éternel ; d'après le Titien. À la gauche d'en bas : *Titcidinus inuc. H. Hondius excude.* NON DÉCRITE. — H. 250 m., L. 175.

SCHELTE A BOLSVERT, né à Bolsvert, en Frise ; a travaillé à Anvers, surtout d'après Rubens.

305. *Argus endormi par Mercure*, d'après Jordaens. Citée dans le *Manuel de l'Amateur d'estampes*.

> Belle épreuve, mais très-détériorée et collée en plein. Deuxième état, avec l'adresse de Bloteling.

CORNEILLE SCHUT, peintre et graveur, né à Anvers vers la fin du seizième siècle, mort en 1660 ; élève de Rubens.

EAUX-FORTES.

306. *Vénus entre Bacchus et Cérès*. Un Amour lui verse à

boire ; deux autres Amours à ses pieds. NON DÉCRITE. — H. 243 m., L. 187.

Belle épreuve à toutes marges.

307. *Martyre d'un saint.* La tête séparée du corps roule par terre. Un ange descend du ciel une couronne. A droite, des soldats et des enfants ; à gauche, le bourreau, femme agenouillée, etc. NON DÉCRITE. — H. 288 m., L. 210.

Très-belle épreuve d'une pièce importante ; avec grandes marges.

308. *La Vierge et l'Enfant,* dans un médaillon porté par les anges.

Epreuve avec marges.

309. *La Vierge tenant l'Enfant Jésus,* dont le petit saint Jean baise le pied. Fond de paysage.

Superbe épreuve avec marges.

310. *Le Couronnement de la Vierge par la sainte Trinité.* Winckler, 5408.

311. *La Vierge et l'Enfant Jésus.* 2 p. de composition différente.

312. *Saint Sébastien* soutenu par une femme et par les anges qui le délivrent des liens et des flèches. Cintrée en haut. Winckler, 5396.

Très-belle épreuve à grandes marges.

313. *Saint Martin offrant son manteau à un pauvre.* Winckler, 5402.

Belle épreuve avec marges.

314. *Europe assise sur le taureau* et entourée de ses compagnes. Les Amours voltigent dans le ciel. A gauche, dans le fond, Neptune sur son char. A la droite du bas : *Cor.*

Schut inv. Antver. Winckler, 5397. — H. 237 m., L. 360.

Belle épreuve du chef-d'œuvre du maître.

315. *Jeux d'enfants.* Cinq enfants près d'un tonneau, et trois enfants jouant avec un chien. 2 p. Winckler, 5388.

ROGER KASEMAN, architecte et graveur. M. Brulliot, 2770, 1re partie.

316. *Cortége de seize enfants nus*, dirigés vers la droite. L'un d'eux, monté sur une chèvre, porte un petit étendard sur lequel est gravé le monog. R. K. D'autres enfants jouent de la trompette, etc. NON DÉCRITE. — H. 124 m., L. 364.

317. *Colonnes, chapiteaux et ornements d'architecture.* 5 p., portant le monog.

LUCAS VAN UDEN, peintre et graveur, né à Anvers, en 1595, mort en 1662.

318. *Paysage avec une sainte famille*, à droite, à l'entrée d'un édifice en ruines. A gauche en bas : *Tulianus inuentor. L. V. Uden fe. Franç. Van den Wyngaerde ex.* Eau-forte. Est-ce le n° 6054 de Winckler ?

CHRISTOPHE JEGHER, excellent graveur en bois, du milieu du dix-septième siècle. Allemand d'origine, il s'établit à Anvers, où il grava beaucoup pour Rubens.

319. *La Vie et la Passion de Jésus-Christ.* 38 p. de la même série portant toutes la marque I C I et le chiffre A S entrelacés. Suite curieuse, NON DÉCRITE, et qui paraît provenir d'un livre de piété en flamand. On y remarque *la mort de saint Joseph* entre le Christ et la Vierge. — H. 090 m., L. 060.

La plupart de ces pièces rarissimes sont en très-belles épreuves.

320. *Hérodiade recevant dans un plat la tête de saint Jean.* Mêmes marques, même dimension.

321. *Portrait d'homme* à barbe touffue. En haut, à gauche :
P. P. Ruben (sic) *delin. et excudit*, et à droite : *Christoffel Ieghers sculp.* Clair-obscur, NON DÉCRIT. — H. 280 m., L. 210.

322. *Paysage* avec une vache et un enfant portant une branche d'arbre. Clair-obscur, NON DÉCRIT. — H. 143 m., L. 185.

JEAN-FRÉDÉRIC GREUTER, né à Rome, vers 1600, mort vers 1660.

323. *Deux armées en présence.* Le général de l'armée qui occupe la droite laisse tomber sa lance en apercevant dans le ciel un essaim d'abeilles. Il porte lui-même sur son bouclier trois abeilles dans un écusson surmonté de la croix et du chapeau de cardinal. Grande et superbe composition avec beaucoup de figures à pied et à cheval. A la gauche d'en bas : *Ant Tempesta del.* ; et à la droite : *Io Feder. Greuter incid.* Vers le milieu du bas est la signature autographe de P. Mariette, marchand d'estampes, et la date 1667. NON DÉCRITE. — H. 350 m., L. 440.

Magnifique épreuve d'une pièce capitale.

MICHEL HEYLBRUCK, peintre et graveur, né à Gand vers 1635, mort en 1733.

324. *Satyre renversé* par terre et tourmenté par des Amours. Fond de paysage. A la gauche d'en bas : A. C. (Annibal Carrache?) *inventor* ; et à la droite : *Mich. Heylbruck, sculpsit Ganda*, NON DÉCRITE. — H. 165 m., L. 212.

Belle eau-forte.

JACQUES VANLIERD.

325. *Thalie* assise, tournée vers la gauche et tenant de la main droite une marotte. A la droite d'en bas : *Jacques*

Vanlierd fe. 8 *december* 1603. Dans la marge, quatre vers latins. NON DÉCRITE. — H. 305 m., L. 205.

PIERRE FIRENS, graveur et marchand d'estampes, a travaillé en France.

326. *David vainqueur de Goliath.* Copie en contre-partie du n° 26 de Lucas de Leyde. Vers la droite du bas : *Petrus Firens excudit;* et vers la gauche, la marque de Lucas. *Non citée.*

327. *Sylvæ sacræ*, monumenta sactioris philosophie quam severa anachoretarum disciplina vitæ religio docuit. A Paris, chez Jean Leclerc, 1606. Suite de paysages avec des figures d'anachorètes. Le frontispice porte au milieu du bas : *Petrus Firens fecit*, et la plupart des autres pièces : *I Leclerc excud.* Suite NON DÉCRITE. 14 p. — H. 140 m., L. 185.

ÉCOLE FRANÇAISE.

JEAN DUVET, LE MAITRE A LA LICORNE, né à Langres en 1485, vivait encore en 1561, l'un des plus anciens graveurs français dont l'histoire de l'art ait conservé le souvenir.

328. *Saint Sébastien, saint Antoine et saint Roch.* Au milieu, saint Sébastien, nu et debout, est attaché à un arbre, le bras droit relevé au-dessus de la tête. A gauche, saint Antoine le premier ermite, tenant de la main gauche un livre ouvert et de la main droite un bâton et une sonnette. Dans le haut, un ange en l'air met une couronne sur la tête de saint Sébastien. A droite, saint Roch avec son chien entre ses jambes; il présente la main à un petit

ange debout entre lui et saint Sébastien. Estampe qui n'a jamais été terminée. L'ange du bas et la partie inférieure du chien de saint Roch ne sont qu'au trait. (B. 10.) M. Robert Dumesnil, 20.

<small>Pièce rarissime, que M. Dumesnil n'a jamais vue, et qu'il cite de confiance, d'après Bartsch. Epreuve un peu rognée aux quatre coins.</small>

329. *Saint Jean en extase*, inspiré de ses visions divines. Pièce de la suite de l'Apocalypse. Dans le haut, la sainte Trinité couronnée de rayons et d'une inscription latine. Vers le bas de la droite, sur une tablette : *Johannes Dvvet fac.* (B. 13.) Huber, n° 4, Joubert, n° 4, M. Robert Dumesnil, n° 50.

330. *Jésus-Christ monté sur un cheval*, suivi des armées du ciel. Au bas de la gauche, sur une tablette ovale : *Hist. cap. 19. Apoc.;* et vers le milieu : *Johannes Dvvet fac.* Pièce de la même suite de l'Apocalypse. (B. 31.) M. Robert Dumesnil, 45.

<small>Ces deux épreuves sont très-belles et bien conservées.</small>

331. *La Licorne* conduite en triomphe par un roi et une reine, accompagnés de femmes portant des palmes, d'hommes jouant du cornet et de guerriers armés. A gauche, des musiciens, des enfants portant des flambeaux. Dans le ciel, Jupiter avec l'aigle et la foudre, et un génie qui couronne la licorne. Sans monog. (B. 41.) M. Robert Dumesnil, 58.

ÉTIENNE DELAULNE, ou STEPHANUS, orfèvre, dessinateur et graveur, né à Orléans en 1520, travaillait encore à Strasbourg en 1590. Il marque S, ou S F.

332. *Combat de cavaliers.* Jupiter paraît dans le ciel sur un nuage. A la gauche d'en bas : *I. C. S. inv. cum privilegio regis;* et à la droite, la lettre S. — H. 225 m., L. 305.

333. *Les Métiers.* Intérieurs d'ateliers. Sur une tablette : *Stephanus fecit in Argvsta*, 1576. 2 belles p. de la même suite. — H. 085 m., L. 120.

334. *Sujets tirés de l'ancien Testament.* 6 p. Huber, n° 1.

335. *Sujets mythologiques.* 17 p. Huber, n° 4.

336. 14 p. de la même suite.

337. 8 p. de la même suite.

338. *Les cinq sens.* Figures allégoriques debout. 5 p. ovales.

339. *Histoire d'Apollon.* 4 belles p. marquées du monog. — H. 077 m., L. 105.

340. *Théologie, Astrologie, Arithmétique, Musique.* Figures allégoriques dans des panneaux d'ornements. 4 p. — H. 075 m., L. 050.

341. *Montants d'ornements.* 4 p. de la même suite.

342. *Montants d'ornements.* Léda, Diane, etc. 8 p. diverses.

343. *Combats.* 2 belles p.

344. 14 p. *diverses* et 4 *doubles.*

PIERRE WOEIRIOT, orfévre et graveur, né en Lorraine, de 1510 à 1525, selon Joubert, vers 1532, selon R-D. t. VII, p. 43.

345. *Phalaris* préside au supplice de l'artiste Pérille qu'il fait enfermer dans un taureau d'airain. Au milieu du bas : *P. Woeiriot. F.* — Huber, n° 4, Joubert, n° 3. R-D. 205.

346. *Statues antiques de Rome :* Flore, Cérès, Mnémosine. 3 p. — R-D. 132, 140, 146.

347. *Les douze mois.* Gravures en bois, dans des encadrements ovales, avec la croix de Lorraine pour marque. Attribuées à Wociriot.

RENÉ BOIVIN, né à Angers vers 1530, mort à Rome en 1598.

348. *Chœur de dryades.* Six femmes dansant en rond autour d'un chêne. Dans la marge d'en bas, à gauche : *Cum privilegio regis;* au milieu : *Quercum erisichtonian dryades cinxere choreis;* et à droite : *Rous. Floren. inuen.* NON DÉCRITE. — H. 280 m., L. 395.
Belle pièce capitale.

349. *Trois femmes masquées,* debout et la tête tournée à droite. Au milieu du bas : *Rous. de Rous. Floren. inuentor;* et à droite : *Cum privilegio regis.* NON DÉCRITE. — H. 255 m., L. 425.

350. *Conquête de la toison d'or.* Trois pièces de la suite, encadrées dans des ornements. Huber, n° 9.

351. *Le Christ debout dans une niche,* et portant sa croix. A gauche, à ses pieds, le calice. Attribuée à Boivin. NON DÉCRITE. — H. 240 m., L. 120.

JEAN TORTOREL et JACQUES PERRISSIN, dessinateurs et graveurs en cuivre et en bois, vivaient au milieu du seizième siècle. Leur monog. collectif se compose des lettres I. T. P. dans un ovale. Le monog. particulier de Perrissin est I. P. dans un ovale.

352. TABLEAUX DES GUERRES, MASSACRES, TROUBLES ET AUTRES ÉVÉNEMENTS REMARQUABLES ADVENUS EN FRANCE, DE 1559 A 1570. Suite de 40 estampes, y compris le titre, grav. au burin, à l'eau-forte et en bois (1). (R.-D., tom. VI, p. 42 et suiv.)

(1) Nous désignerons seulement les pièces en bois par la lettre B., et les eaux-fortes par E.-F.

1°. Titre. « Premier volume, contenant qvarante tableaux ov Histoires diuerses qui sont memorables touchant les Guerres, Massacres et Troubles aduenus en France en ces dernieres annees. Le tout recueilly selon le temoignage de ceux qui y ont esté an personne et qui les ont veus, Lesquels sont pourtraits à la verité. » Au bas du cartouche d'ornements qui encadre ce titre : PERSINVS FECIT.

2°. « La Mercurialle tenue aux Augustins à Paris le 10 de Iuin. 1559 où le Roy Henry 2 y fut en personne. » Vers la droite d'en bas, le nom de Perrissin.

3°. « Le Tournoy ou le Roy Henry 2 fut blessé à mort le dernier de Iuin 1559. » Vers la droite d'en bas : I. PERISSIM. FECIT. 1570.

4°. « La Mort du Roy Henry deuxieme aux Tournelles à Paris, le x Iuillet. 1559. » Sur la barre d'une table, au milieu d'en bas, le monog. de Perrissin.

5°. Anne du Bourg conseiller au Parlement de Paris bruslé à S. Iean en Greve le 21 Decembre 1559. » Copie en bois, sans marque.

6°. « L'entreprinse d'Amboise descouuerte les 13, 14 et 15 de Mars. 1560. » Copie en B., avec le nom de Tortorel.

7°. « Supplicium coniuratorum Ambaxiæ, sumptum die 15. Martii. 1560. » Copie en B., avec la marque de Perrissin à la gauche d'en bas.

8°. « L'Assemblee des trois estats tenus à Orleans au mois de Ianuier. 1561. » Vers le milieu d'en bas : I. Tortorel fecit.

9°. « Le Massacre faict à Cahors en Querci le XIX Nouemb.

1561. » Copie en B., avec la marque de Perrissin et le nom de Tortorel.

10°. « Le Colloque tenu à Poissy le 9 decembre. 1561. » Copie E.-F., avec le nom de I. Tortorel, au milieu d'en bas.

11°. « Le Massacre faict à Vassy le premier iour de Mars. 1562. » Copie en B., avec la marque de Perrissin.

12°. « Le Massacre faict à Sens en Bourgongne, par la populace au mois d'Auril. 1562, auant qu'ō prinst les armes. » A la gauche d'en bas : I. PERRISSIN FECIT. 1570.

13°. « La prinse de Valence en Dauphiné ou M. la Motte Gondrin fut tué, le 25 Auril. 1562. » Le monog. collectif, à la gauche d'en bas.

14°. « Le Massacre faict à Tours par la populace au mois de Iuillet. 1562. » Copie en B., 2ᵉ état.

15°. « La prinse de la ville de Montbrison au pays de Forest, au mois de Iuillet. 1562. » Copie en B., avec le chiffre de Perrissin et le nom de Tortorel.

16°. « La desfaite de S. Gilles en Languedoc, au mois de Septembre 1562. » Au bas de la gauche, le chiffre de Perrissin.

17°. « L'ordonnance des deux armees de la bataille de Dreux, donnée le 19 Decemb. 1562. » Sans marque.

18°. « La premiere charge de la bataille de Dreux, la ou M. le Connestable fut prins, le 19 Decembre 1562. » Copie en B., avec le chiffre de Perrissin et le monog. d'un graveur qu'on croit être Jean de Gourmont.

19°. « La IIᵉ charge de la bataille de Dreux ou M. le Prince de Condé poursuit la victoire, le 19 Decemb. 1562. » Épreuve de 2ᵉ état, avec le nom de Tortorel.

20°. « La troisieme charge de la bataille de Dreux, ou M. le prince de Condé fut prins le 19 Decembre. 1562. » Copie en B., avec le monog. attribué à Jean de Gourmont.

21°. « La quatrieme charge de la bataille de Dreux, ou M. le Mareschal S. André fut tué, le 19 decemb. 1562. » Le chiffre de Perrissin au pied du moulin.

22°. « La Retraite de la bataille de Dreux, le 19 decemb. 1562. » Le monog. des deux artistes, au pied du moulin.

23°. « Orléans assiegé au mois de Ianuier. 1563. » Le monog. des deux artistes est à la droite d'en bas.

24°. « Le Duc de Guise est blessé à mort le 18 Feburier. 1563. » Copie en B., avec le nom de Perrissin.

25°. « La Paix faite en l'Isle-aux-Bœufs, pres Orléans, le 13 Mars. 1563. » Au milieu d'en bas, le monog. des deux artistes.

26°. « L'Exécution du S. Iean Poltrot, dict du Meray, à Paris, le 18 de Mars. 1563. » Le chiffre de Perrissin, à la gauche d'en bas. Pièce très-rare.

27°. « Le Massacre fait à Nismes en Languedoc, le 1 Doctobre 1567, en la nuict. » Vers la gauche d'en bas, le monog. des deux artistes.

28°. « La bataille de Sainct Denis, donnée la veille S. Martin, 1562. » Copie en B., avec le chiffre de Perrissin.

29°. « La rencontre des deux armées Françoises à Congnac près Gannat en Auvergne le 6 Ianuier. 1563. » A la gauche d'en bas, le monog. Copie en B.

30°. « La ville de Chartres assiegée et batue par Monsieur le Prince de Condé au mois de Mars. 1568. » En bas de la droite : *I. Perrissim fecit* 1570.

31°. « La rencontre des deux armées Françoises entre Coignac et Chasteauneuf, le 13. Mars 1569. » En bas de la gauche : 1569 I. PERSINUS FECIT.

32°. Suite de la même Rencontre. Copie en B., avec le chiffre de Perrissin et le nom de Tortorel.

33°. La rencontre des deux armées à la Roche en Lymosin, où le S. Strossy fut prins le 25 Iuing. 1569. » A la droite d'en bas, le nom de Tortorel. Premier état, avant la planche ébréchée.

34°. « Poityers assiegé par M. les Princes le 24. de Iuilet et tout Aoust jusques au 7 de Septembre 1569. » Vers la droite d'en bas : *I. Perrissin fecit.*

35°. « L'ordonnance des deux armées près de Montcontour le 3 octob. 1569. » Avec le chiffre de Perrissin et le nom de Tortorel.

36°. « La desroute du camp de M. les Princes et la desfaicte des Lansquenets, à Montcontour le 3 Octob. 1569. » Vers le milieu d'en bas : I. PERISSIM FECIT 1570.

37°. « La surprinse de la ville de Nismes en Languedoc par ceux de la Religion le 15 de Novembre 1569. en la nuict. » A la gauche d'en bas, le nom de Tortorel.

38°. « Sainct Iean d'Angely assiegé par le Roy Charles 9. le 14 Octob. 1569. jusques au 2 Decembre. 1569. » Copie en B., avec le nom de *Perrissim.*

39°. « L'entreprinse de Bourges en Berry descouuerte sur ceulx de la Religion le 21 de Decembre 1569. » Vers la droite d'en bas : *I. Perrissim. fecit.* 1570.

40°. « La rencontre des 2 armées françoise faicte au passage de la riuiere du Rosne en Dauhpiné le 28. Mars. 1570. » A la gauche d'en bas, le nom de *Perrissim*.

Cette suite de quarante estampes est rare et précieuse, surtout lorsqu'on y trouve une des onze pièces gravées sur cuivre que M. Robert-Dumesnil a signalées comme originales, et qui sont presque toujours remplacées par des copies en bois.

LÉONARD GAULTIER, ou **GALTER**, né à Mayence en 1552, selon M. Brulliot, et en 1560, suivant Joubert.

353. *Les Cyclopes forgeant la foudre*, d'après Jean Cousin. Vers le milieu de la gauche : *Johann. Cusinus Senon. inuen.*, et au bas : *leonar Galter fecit 1581, cum pri. reg.* Joubert, n° 9, Huber, n° 7.

354. *Saint Jérôme* en méditation devant une tête de mort ; d'après François Vannius, 1598. Pièce de la suite des prophètes, des saints, etc. Huber, n° 2.

355. *Judith* tenant l'épée de la main droite.—La *Femme adultère*. A la droite d'en bas, le monog. — *Deux femmes* près d'un édifice à colonnes. — 3 p. NON CITÉES.

PHILIPPE THOMASSIN, né à Troyes vers 1536 ; élève de Corneille Cort.

356. *Les Statues antiques de Rome.* Suite numérotée, de 52 p., avec un frontispice sur lequel on lit : *Philippus Thomassin sculpsit excudit q Romæ.*

Bonnes épreuves à toutes marges.

JEAN DE GOURMONT. Il marque I D G. M. Brulliot, n° 1558 des monog.

357. *Vénus et l'Amour.* Elle est nue et de face, la tête penchée vers l'Amour debout à gauche. Dans la marge du bas : *Venus et Cupido*, et le monog. NON DÉCRITE. — H. 180 m., L. 100.

Imparfaite de l'angle gauche du haut.

358. *La Charité.* Femme debout, avec trois enfants. Non décrite. — H. 140 m., L. 080.

LE MAITRE AU MONOG. I. S. Ce monog. est attribué par Christ et Füssli à Jean Stephanus, fils de Charles-Étienne de Laulne. M. Brulliot, n° 1682 des monog.

359. *L'enlèvement des Sabines, la Vérité et un festin.* 3 p. rondes, gravées au trait.

360. *Saint Jean écrivant l'Apocalypse et Joseph expliquant les songes.* 2 p. rondes, gravées au trait.

361. Sept pièces de la même suite, représentant des figures assises au milieu d'un paysage.

362. Six pièces, *chasses, animaux, paysages*, etc.

Ces curieuses estampes, *non décrites*, ont été faites au marteau vers 1580.

CLAUDE VIGNON, peintre et graveur, né à Tours, en 1590 ou 93, mort à Paris en 1670.

363. *Le Martyre de saint André.* Vers la droite du bas, la signature à rebours. Eau-forte. Huber, n° 4. R-D. 20.

Belle et vigoureuse épreuve.

364. *La Reine Thomiris* faisant plonger la tête de Cyrus dans un vase de sang. Huit personnages. Belle eau-forte. Non décrite. — H. 210 m., L. 290.

FRANÇOIS PERRIER, peintre et graveur, né à Mâcon vers 1590, mort à Paris en 1650, suivant d'Argenville.

365. *Les Statues antiques de Rome.* Suite composée d'un frontispice, de cent estampes numérotées et de deux plan-

ches de texte gravé, contenant la table. Huber, n° 1, Joubert, n° 1. R-D. 41-141.

Suite complète, de troisième état, avec l'adresse de la veuve de Perrier. 1 vol. v. b., petit in-fol.

LOUIS BUSINCK, né à Paris vers 1590.

CLAIRS-OBSCURS.

366. *Les Apôtres Jean et Matthieu.* Huber, n° 2.

367. *Judith debout avec la tête d'Holopherne.* Huber, n° 3.

368. *Jeune homme à mi-corps, jouant de la flûte.* A la gauche du haut : *G. Lallman inven. L. Businck sculp.*, et dans la marge du bas : *à Paris, chez Melchior Tauernier.* Huber, n° 6.

Ces trois pièces vigoureuses sont d'après George Lallman.

369. *Saint Luc montrant le portrait de la Vierge à un autre apôtre.*

370. *La leçon de musique.* Quatre figures à mi-corps, dans la manière du Caravage.

371. *Sainte Famille entourée d'anges.* D'après Lallman. Ovale.

Ces trois pièces, en superbes épreuves, ne sont pas citées.

MICHEL LASNE, dessinateur et graveur, né à Caen en 1596, mort à Paris en 1667. Il marque M. L. accolés.

372. *La Visitation de sainte Élisabeth*, d'après L. Carrache. La marque du graveur est à la gauche d'en bas (H., p. 94, n° 4; 7, n° 4.)

JACQUES CALLOT, peintre et graveur, né à Nancy en 1593, mort en 1635. Elève de Julio Parigii et de Canta-Gallina; il exécuta ses meilleurs ouvrages en Italie.

373. *Le Benedicite.* Saint Joseph fait boire l'Enfant Jésus, à table avec la Sainte Vierge qui est assise à gauche. Pièce ovale. (Cat. Silvestre, p. 191.)

374. *Le Massacre des Innocents.* Pièce ovale gravée à Florence. Sans nom. — La même composition, un peu moins haute, avec des différences dans les fonds. Pièce ovale gravée à Nancy. (Cat. S., 190 et 191.)

> Deux pièces, dont la première est plus rare que l'autre.

375. *La Tentation de saint Antoine.* A la gauche d'en bas, le nom du graveur. (Cat. S., p. 193.)

> Belle épreuve, mais la marge du bas est rognée.

376. *Saint Nicolas prêchant dans un bois.* Le nom est au bas de la gauche. Gravure à l'eau-forte. (Cat. S., p. 193.)

377. *Le Martyre des apôtres.* Suite de 12 pièces, y compris le titre (il en faut 13). Plus, saint Mathias. (Cat. S., p. 189.)

> Épreuves de premier état, avant les numéros et le nom d'Israël.

378. *Les Martyrs du Japon.* Vingt-trois cordeliers mis en croix. A la gauche d'en bas, le nom du graveur. (Cat. S., p. 192.)

> Épreuve de premier état, avant le nom de Silvestre.

379. *Les Joueurs de cartes.* La femme qui pince de la harpe est tournée vers la gauche. Sur le devant, le nom du graveur. Pièce ovale. (Cat. S., p. 209.)

380. *La grande Chasse au cerf.* A la gauche d'en bas, le nom du graveur. (Cat. S., p. 207.)

> Épreuve de premier état, avant le nom d'Israël.

381. *La petite Foire, ou le Jeu de boule.* A la gauche d'en bas : *Ja. Callot fe. Nanceis.* (Cat. S., p. 208.)

> Bonne épreuve de premier état, très-rare, avant l'adresse d'Israël.

382. *Le Parterre de Nancy.* Le nom du graveur est à droite de la marge, après l'inscription. (Cat. S., p. 206.)

383. *La Vie errante des Bohémiens.* Suite de 4 pièces oblongues. Au bas de la gauche, le nom du graveur. (Cat. S., p. 209.)

384. *Capitano de Baroni, ou les Gueux.* Suite de 20 pièces (il en faut 25) à l'eau-forte. Le titre porte seul le nom du graveur.

Epreuves de premier état, avant les numéros.

385. *Le Combat à la barrière, à Nancy, en* 1627. Suite de 9 pièces (il en faut 10). Plus, 3 pièces accessoires. (Cat. S., p. 203 et 204.)

386. Pièces isolées de différentes suites, savoir : 5 de *Balli di Sfessania*, av. les numéros; 2 des *Exercices militaires*; 1 de la *Grande Passion*; 1 des *Habillements de la noblesse*; 12 des *Capricci*, etc., etc.

ETIENNE DE LABELLE ou STEFANINO DELLA BELLA, dessinateur et graveur, né à Florence en 1610, mort en 1664. Elève de Giobattista Vanni et de Canta-Gallina. Il a surtout imité Callot. Voilà pourquoi nous l'avons placé dans l'Ecole française plutôt que dans l'Ecole italienne.

387. Divers paysages oblongs. 3 pièces (il en faut 4), deuxième état, après les numéros. (Cat. de l'OEuvre de Labelle, par Ch.-Ant. Jombert, n° 78.) — Caprice faict par de la Bella et mis en lumière par Israel. 11 pièces (il en faut 13), premier état, mal numéroté. (Jombert, n° 85.) — Exercices de cavalerie. 9 pièces (il en faut 10). — Diuerses (*sic*) paysages mis en lumière par Israel, dediés à Louis de Bourbon, duc d'Enghien. 6 pièces (il en faut 12) oblongues. (Jombert, n° 88.)

388. Paisages maritimes faicts par S. de la Bella et mis en lumière par Israel. 4 pièces (il en faut 12), deuxième état, avec les numéros. (Jombert, n° 93.) — Jacob allant en Egypte pour voir son fils Joseph. Deuxième état, avec l'inscription. (Jombert, n° 108.) — Varie figure di Stef. della Bella. 4 pièces (il en faut 8), premier état. (Jombert, n° 108.) — Les quatre parties du monde. 4 pièces (il en faut 52) du Jeu de la Géographie. (Jombert, n° 117.) — Cartouche en largeur (il faut 12 pièces); cartouches en hauteur, 3 pièces (il en faut 12). (Jombert, n°ˢ 125 et 133.) — Livre de huit petites marines (il en manque une), sans numérotage. (Jombert, n° 134.) — Diversi Capricci. 4 pièces (il en faut 24). Deux sont avant les numéros, état *non cité*. (Jombert, n° 139.)

389. *La Mort à cheval, tenant une trompette ; la Mort emportant un enfant.* On voit, au fond, les charniers et le cimetière des Saints-Innocents de Paris. 2 pièces de la suite des Cinq Morts. Sans aucun nom. (Jombert, n° 137.)

Belles épreuves de deux pièces remarquables.

390. Ornamenti di fregi e fogliami, 2 pièces (il en faut 16) en longueur, deuxième état, avec les numéros. (Jombert, n° 138.) — Diverse figure et paesi fatti per S. D. Bella. 1649. 3 pièces (il en faut 8), avant les numéros. (Jombert, n° 142.) — Jeux d'enfants avec des chèvres. Les figures sont tournées vers la gauche. Copie trompeuse. (Jombert, n° 191.) — Pièces diverses, etc., etc.

ABRAHAM BOSSE, dessinateur et graveur, né à Tours, vers 1610, mort à Paris en 1678. Il imita Callot et La Belle.

391. *Les Sept péchés capitaux.* Un homme, enchaîné sur un roc entouré de flammes et portant sur son dos les sept péchés représentés par des animaux allégoriques, se re-

garde avec terreur dans un miroir que lui présente un ange. Un démon, à califourchon sur les reins de cet homme, le frappe avec un fouet, l'éperonne à coups de griffe et le conduit par la bride. A gauche, sur un flocon de fumée : *Abraham Bosse sculp.* A la droite d'en bas, dans un écusson, les lettres : S B P.

> Pièce rare et singulière que ne cite pas le *Manuel* de Huber et Rost.

392. *Une Salle de charité.* Au milieu de l'estampe, un pauvre, assis, changeant de vêtements. A droite, un homme, une femme et un enfant en haillons. (II., n° 22; J., n° 3.)

> Une des meilleures pièces du maître.

393. *Le Retour de l'Enfant prodigue.* Celui-ci se jette aux genoux de son père, qui le relève. Dans la marge, seize vers.

394. *Le Chirurgien.* Il vient de saigner une femme assise. Dans la marge, quatorze vers. (II., n° 26.)

395. *Intérieur de la boutique d'un pâtissier.* Dans la marge, seize vers.

396. *Le Chaudeau de la mariée.* A gauche, un flûteur et un personnage grotesque armé d'un balai. Dans la marge, seize vers.

397. *Le Cabinet d'un juge.* Plaideurs et plaideuses. A droite, un valet tire d'une hotte les présents qu'on envoie à son maître. Dans la marge, seize vers en dialogue.

> Ces quatre dernières pièces doivent faire partie de la suite des *Occupations et actions de la vie privée.* (H., n° 24.)

JEAN PESNE, peintre et graveur, né à Rouen en 1623,

mort à Paris en 1700. Ses plus belles estampes sont gravées d'après le Poussin qui lui donna des conseils.

398. *La Charité romaine,* d'après le Poussin. La jeune Romaine, debout, tournée vers la gauche, présente le sein à son père dans la prison. 2e état. (Robert-Dumesnil, n° 13.)

NICOLAS DE PLATE MONTAGNE, fils de Michel, né à Paris en 1631 et mort en 1706, fut élève de Philippe de Champagne pour la peinture, et de Jean Morin pour la gravure.

399. *Le Corps de Jésus-Christ dans le sépulcre,* d'après Philippe de Champagne. (R.-D., n° 9.)

Belle épreuve de second état, avec l'inscription en italique sur la banderole, remplaçant la dédicace.

SÉBASTIEN VOUILLEMONT, né à Bar-sur-Aube vers 1622.

400. *Le Parnasse,* d'après le tableau de Raphaël, du Vatican. Huber, n° 6.

SÉBASTIEN LECLERC, dessinateur et graveur, né à Metz en 1637, mort à Paris en 1714. Il était de l'Académie de peinture.

401. *La Bataille de Cassel,* en 1677. Grande pièce de la suite des Conquêtes du Roi. (H., n° 20 des suites du maître.)

JEAN DESHAYES, que l'on croit élève de Claude Vignon, vivait au milieu du dix-septième siècle.

402. *Descente de croix,* d'après C. Vignon. A gauche, saint François soutient le Christ ; à droite, saint Jérôme le contemple avec douleur. Eau-forte. (R.-D., n° 2.)

NICOLAS LESUEUR, graveur en bois, né en 1690, mort en 1764, appartenait à une famille de graveurs en bois, originaires de Rouen.

403. CLAIRS-OBSCURS à deux et trois planches, gravés à l'eau-forte par P. P. A. Robert, le comte de Caylus, etc., et en bois, par Nicolas Lesueur, pour la collection dite le *Cabinet de Crozat*:

Jésus-Christ donnant les clefs à saint Pierre, d'après Raphaël. — *Saint Paul accompagné de deux saintes*, d'après Barth. Ramenghi, dit Bagnacavallo. — *La Chute de Phaëton*, d'après Josépin. — *Le Saint-Esprit descendant sur les apôtres*, d'après J. B. Lenardi. — *Sacrifice d'Élie et des prophètes de Baal*. — *L'Assomption de la Sainte Vierge*, d'après Joseph Passari. — *Saint Philippe de Néry*, d'après Louis Garzi. — *Sainte Prisque baptisée par saint Pierre*, d'après Jean Baglioni. — *L'Empereur Henri IV aux pieds du pape Grégoire VII*, d'après Fred. Zuccari. — *L'Atelier d'un peintre*. — *La Canonisation de plusieurs saints*. — 11 p.

NICOLAS PITAU, né à Paris en 1633, mort en 1676.

404. *Jésus-Christ, la Vierge, saint Jean, dans les nues, et au-dessous plusieurs chartreux agenouillés;* d'après Philippe de Champaigne. (Joubert, n° 4.)

Très-belle pièce, datée de 1657.

ANNE-CLAUDE-PHILIPPE DE TUBIÈRES, comte de CAYLUS, amateur distingué, et habile graveur à l'eau-forte, né à Paris en 1692, mort en 1765.

405. Estampes gravées sur les desseins (*sic*) du Cabinet du Roy. Suite de 223 estampes à l'eau-forte, d'après les dessins originaux de Raphaël, Michel-Ange, Parmesan, etc. Le tout en 1 vol. in-fol. max., v. br.

ÉCOLES DIVERSES.

PAUL FLYNT, dit Paul de Nuremberg, parce qu'il travaillait dans cette ville en 1590, graveur et orfévre. Cité par M. Brulliot, n° 2256, p. 304, 2e partie.

406. Cinq feuilles d'*études de têtes*, pour apprendre le dessin, et six feuilles de *paysages* dans des formes ovales encadrées de fins ornements, avec le titre d'une de ces suites qui doit se composer de 8 pièces; voici ce titre : *Acht Schuck Zumverzeichnen gemacht durch Paulus Flynten von Nornberg bey Andre Luning Gedruckt und verfertigt Wien.* En tout, 12 p.

<small>Estampes curieuses, gravées au maillet. Les études de têtes, citées par M. Brulliot, portent au milieu du bas les lettres P. F. Les paysages n'ont pas de monog.</small>

THÉODORE CRUYER, né à Munich en 1576, mort à Rome en 1650. Il a beaucoup gravé d'après André del Sarte.

407. *La Cène*, d'après André del Sarte, en deux morceaux. Dans la marge, une dédicace signée *Domenico Falcini.*

<small>Très-belle pièce, *non citée.*</small>

LUCAS KILIAN, né à Augsbourg en 1579, mort en 1637.

408. *Sainte famille*, avec saint Jean tenant l'agneau et deux anges qui jouent de la harpe. Au bas de la droite : *S. M. C. pictor B. Sprangers pinxit.* Dans la marge, quatre vers latins et une dédicace.

<small>Très-belle pièce, *non citée.*</small>

409. *L'Hérésie.* Figure allégorique à trois têtes ; avec une inscription dans la marge.

<small>Pièce curieuse, *non citée.*</small>

GEORGE SCHARFFENBERG, graveur allemand qui marque s dans G surmonté d'une croix. (B. t. IX, p. 181.) Brulliot, n°s 1470 des monog., 1re partie, et 1103, 2e partie.

410. *Les Travaux d'Hercule.* Deux pièces de cette suite : — *Hercule étouffe Anthée.* La marque est vers le haut de la gauche. — *Il tue l'hydre de Lerne*; La marque est en bas à gauche. (B. 1.)

<small>Pièces très-rares en belles épreuves.</small>

VENCESLAS HOLLAR, né à Prague en 1606, mort à Londres en 1677; élève de Matthieu Mérian.

411. Suite de neuf *Marines* et *Diane chasseresse.* 10 p.

MAITRE ANGLAIS, du seizième siècle.

412. *Sept Courtisans agenouillés devant une Reine;* avec une inscription de quatre lignes en anglais, et la date 1585, dans la marge du bas.

<small>Pièce extrêmement curieuse pour l'histoire de la gravure en Angleterre; à toutes marges.</small>

JEAN-BAPTISTE JACKSON, né en Angleterre vers 1700.

413. *Mariage mystique de sainte Catherine,* d'après Paul Véronèse. Vers le milieu du bas, une dédicace à Guillaume Windham. Clair-obscur de quatre planches.

MAITRES ALLEMANDS, des écoles primitives.

414. *Le Christ en croix.* A gauche, la Vierge; à droite, saint Jean. Gravure sur cuivre, très-curieuse.

415. *Le Christ au jardin des Oliviers* et *la Flagellation*, deux sujets dans des ronds environnés d'ornements, sur la même feuille.

416. *Le Sauveur*, en buste, dans un médaillon ovale. On lit dans la marge du bas : *François Schellauere fecit.*

17. *Sainte debout*, tournée à gauche, tenant une crosse d'abbesse. Pièce très-curieuse.

418. *Portrait d'Erasme*, en pied, tourné vers la gauche. Sa main gauche repose sur la tête d'un terme. Il est au milieu d'un portique orné de figures et de riches décorations. Au sommet, sur une tablette : ER. ROT. Dans un cartouche du bas, une inscription latine et la marque : H. H. in.

Très-belle épreuve avec marges. Rarissime.

MAITRES DIVERS, anonymes.

419. *L'Elévation de l'obélisque* sur la place de Saint-Pierre à Rome, par Domenico Fontana. Dans le haut, à droite, une dédicace de l'architecte, et à la gauche d'en bas le nom de Guerra.

420. *L'Incendie de Saint-Rombauts de Malines*, avec une inscription flamande dans la marge.

421. *Portrait d'homme* vu de profil et tourné à droite, dans un cartouche. Gravure d'un beau travail et d'un grand caractère.

Très-belle épreuve.

422. Deux *Mascarons*. Dans la marge du bas, un monog. composé des lettres L O G dans un A gothique, et le mot *Veientano.*

423. *Le Christ soutenu par les anges*. Ovale, avec quatre sujets dans des médaillons aux quatre coins, et dans la marge le monog. L. S.

124. *Homme nu à cheval.* Marcus Curtius? Copie en contre-partie d'après le maître IV, n° 448 de la seconde partie de ce Catalogue.

125. *Femme nue,* élevant la main droite vers un aigle en l'air. Belle eau-forte, qui pourrait être de Diepenbeck.

126. Deux *Paysages,* au trait, dans un carré la pointe en haut, et les deux mêmes paysages terminés. 4 p.

127. *L'Ouïe* et *le Goût.* 2 p. rondes, avec inscription flamande autour.

128. Trois *Portraits.*

GRAVURES EN BOIS.

129. *Portraits divers.* 9 p.

130. *Sujets religieux.* 4 p.

131. *Sujets de l'Ecriture sainte.* 6 p. d'une même suite, portant la lettre K.

132. *Ornements.* 5 p.

133. *Lettres ornées.* 13 p.

134. *Pièces diverses.* 4 p.

---

435. LOTS DIVERS. Sous ce numéro seront vendus les pièces omises dans les trois catalogues, des doubles, des copies, etc.

---

436. COLLECTION D'ANCIENS PAPIERS DE LIN A FILIGRANES, allemands, flamands, italiens et français, depuis 1363 jusqu'en 1600, dans une boîte.

Cette collection curieuse, qui n'est pas malheureusement toute rangée, a été formée par M. Delbecq avec des papiers extraits de registres ayant date authentique. M. Delbecq avait compris l'importance d'une collection de cette espèce, pour se précautionner contre les tirages modernes d'anciens cuivres.

L'HISTOIRE DU PAPIER n'a pas encore été écrite. Il n'existe que quelques recherches, plus ou moins exactes, dans l'ouvrage allemand de Gotthelf Fischer, et dans l'*Essai sur l'origine de la gravure*, par Jansen. La collection réunie par M. Delbecq offre des matériaux précieux pour éclairer cette partie de l'histoire de la gravure ancienne.

FIN.

www.ingramcontent.com/pod-product-compliance
Lightning Source LLC
Chambersburg PA
CBHW070201230526
45471CB00002B/766